芦部信喜

渡辺秀樹

Hideki Watanabe

芦部信喜

平和への憲法学

岩波書店

まえがき

その屋敷は小学校の通学路沿いにあった。

敷地内の様子は、黒い塀が小学生の視線を遮った。隣に、よく通った耳鼻咽喉《いんこう》科医院があり、診察を待つ間、二階に上がる階段で遊んでいると屋敷の庭が見えた。色づいた落ち葉が舞い散る光景が印象に残っている。五〇年ほど前の記憶である。

子どもながらに聞いていたのは、屋敷は「芦部さんという元市長の家」だった。このころ元市長の長男である芦部信喜《のぶよし》氏(一九二三〜九九年)は東京大法学部の教授になって数年。その名はまだ広く知られていなかったように思う。

私は芦部氏と同じ伊那北高校(長野県伊那市)に進んだが、大先輩の業績を聞かされた覚えはなく、大学も文学部だったため、著作に親しむこともなかった。

その名を意識するようになったのは、二〇一三年、在籍している信濃毎日新聞の論説委員になってからだ。社説で憲法について触れるときには先輩に倣《なら》って、芦部氏の代表的著書で大学の教科書として広く使われている『憲法』を参考にしたり、引用したりするようになった。

そんな折、参議院予算委員会で憲法改正問題に絡んで芦部氏の名を問われた安倍晋三首相が、知らないと答えた、というニュースに触れた。法学部出身で憲法を改正しようとする者が、戦後日本を代表する憲法学者の名前すら知らないというのは、憲法をろくに勉強していない証拠という文脈で波紋を広げた。

私の中で、あの屋敷の住人だった芦部信喜という人をもっと知りたい、知らせたいという思いが芽生えた。二〇一六年の終戦記念日を迎えるに当たって、芦部氏が戦争体験や憲法研究の歩みを語った伊那北高校創立七〇周年記念講演会(一九九五年)の記録を入手したり、妹の堀江玲子さんに取材したりして、「終戦の日に　芦部憲法学の「平和」を今」という社説を書いた。節目に書く長い社説とはいえ、一三〇行余では書き切れない消化不良感も残った。

難病を発症し二度の入院を経て、編集委員に異動したのが二〇一八年四月。何をやるか考えたときに真っ先に浮かんだのは、詳しい評伝が書かれていなかった芦部氏の軌跡を追う連載だった。前年の憲法記念日に安倍首相が憲法九条への自衛隊明記や改正憲法の二〇二〇年施行を打ち上げたのを受けて、自民党が四項目の改正条文案をまとめた矢先。時宜にかなうと考えた。

こうして週一回の連載「芦部信喜　平和への憲法学」を始めたのは二〇一八年六月二七日のことである。

第1章「源流　伊那谷から」は生誕から、東大で憲法学者宮沢俊義(一八九九〜一九七六年)の助手になるまでをたどった評伝である。

芦部氏が自らの半生に触れた伊那北高校講演録や学習院大(東大定年退官後)での最終講義を主な手掛かりに、地元内外の資料や関係者、関係地の取材で肉付けしていった。特に戦争体験は芦部憲法学の底流をなすものである。

問題は、芦部氏が研究生活に入ってからの記述だった。「動」の小林直樹(東大での芦部氏の同僚。一九二一～二〇二〇年二月)に対し「静」の芦部ともいわれ、弟子の一人は「淡々と論文を書いていた人」と語った。つまり、動きが乏しく軌跡を描くのは難しいというのだ。

一時は先行きを危ぶんだが、芦部氏が学習院大最終講義の中で、自ら開拓した憲法訴訟論に絡んで「いくつかの憲法事件に実際に関係しました」と述べ、その訴訟名を列挙していたことに活路を見いだした。どう関わっていたのか。当時の訴訟関係者らを訪ね歩き、証言を得たり、裁判所に提出された鑑定意見書や法廷証言記録を入手したりして動きを可視化していった。

また、訴訟に関わっていなくても時々の憲法問題に対し、どんな見解を示していたのか。信州大附属図書館(長野県松本市)や国立国会図書館(東京都千代田区)に通い、『ジュリスト』や『法学教室』『法律時報』『法学セミナー』『世界』など雑誌のバックナンバーをめぐって徹底的に調べた。そうやって構成したのが第2章「憲法改正と自衛隊」、第3章「人権と自由」である。

第4章「国家と宗教」は芦部氏の真骨頂発揮ともいうべき「靖国懇」(閣僚の靖国神社参拝問題に関する懇談会)を主な舞台としている。中曽根康弘内閣の私的諮問機関だった靖国懇に委員として参加した芦部氏は、大勢が公式参拝容認に向かう中で最後まで憲法違反との主張を貫いた。

これまで存在自体が不明だった当時の議事録を情報公開請求し、内閣官房が書庫で見つけたという前半部分（全二二回中一一回分）を開示したことで、非公開の議論を初めて再現するに至った。第5章「象徴天皇制とは何か」は、二〇一九年秋の天皇代替わり儀式に合わせて設定した。天皇制に関しては著作が少ない芦部氏だが、東大法学部研究室図書室で見つけた芦部氏の東大講義録を読むと、天皇制の解説に多くの時間を割いていたことがうかがえる。それも踏まえ、現代に通じる論点をまとめた。

第6章「インタビュー　芦部憲法学から現代を問う」は、芦部氏の教え子や同僚、学生時代に聴講した人など、ゆかりの一三人に芦部論や現代の憲法課題を聞いた。新聞連載はこの第6章まで通算五五回で二〇二〇年四月二九日に終了した。

この連載の取材過程で二件のスクープを報じた。一件は先述の「靖国懇議事録が存在」（二〇一九年五月三日付朝刊）。もう一件が「長野県知事が護国神社の支援組織会長として活動」（同年八月二二日付朝刊）である。連載とこの二件の関連報道で、この年の平和・協同ジャーナリスト基金賞奨励賞をいただいた。出版に当たって、これらの特報記事の内容と報道経過を番外編「二つのスクープ」として加筆した。

靖国懇議事録は前半部分だけとはいえ膨大な量がある。このため芦部氏が自らの戦争体験に触れ、政教分離の「目的効果基準」を詳しく説いたり、作家の曽野綾子氏が公式参拝違憲論を展開したりして最も興味深いと考える第七回会合分を巻末に掲載した。歴史的に重要な議事録を一回分とはいえ全文公開するのは本書が初めてとなる。

安倍政権下での憲法改正の動きが連載のきっかけではあったが、取材を重ねるうちに、より長い目で歴史を見つめ直し、未来を構想する「原点」としての芦部憲法学の重要性に気づかされた。

芦部憲法学は広く、深く、そして難しい。本書は人権や天皇制を含め「平和」に関する部分を切り取って、法学の素養を持たない筆者がまず理解できるように書いたつもりである。芦部氏やその学説、憲法問題の歴史に興味を持っていただくきっかけになれば幸いである。

＊第1章から第6章までは敬称を略し、年齢や肩書は新聞掲載時のものとした。
本文中、6章を除き〔　〕内は引用者注である。

目　次

番外編　二つのスクープ……141

第1章
源流　伊那谷から

陸軍金沢師団に入営した芦部信喜(前列中央)，1944年1月.

二〇一三(平成二五)年三月、参議院予算委員会。憲法改正問題に絡んで野党議員が質問した。芦部信喜を知っているかと。首相の安倍晋三は答えた。「私は存じ上げておりません」

芦部は、信州が生んだ戦後日本を代表する憲法学者である。その憲法観は戦争体験に裏打ちされている。一九五〇年代からの憲法改正論議の中で、戦争放棄と非武装をうたった九条を変えることなく、その理想に世界が少しでも近づけるよう日本が先導的役割を果たすことを説き続けた。

日本国憲法は今再び、岐路に立つ。自民党は二〇一八年、九条を含む四項目の改正条文案をまとめ、二〇二〇年の施行を目指すとした。ただ国会での議論は停滞。安倍首相は悲願を果たせぬまま二〇年九月に辞任した。だが、憲法改正の大小の波は今後も押し寄せてくるだろう。日本が進むべき道をまた誤ることはないか。芦部の軌跡を追いながら、徹底した平和主義の憲法学の今日的な意義を見いだしたい。

第1章は伊那谷の源流をたどる。

駒ヶ根の原風景

一九二三(大正一二)年九月一日。関東一帯をマグニチュード七・九の大地震が襲った。関東大震災である。長野県上伊那郡赤穂村《あかほ》(現駒ヶ根市)も強い揺れに見舞われた。

その月の一七日に芦部は生まれた。大正期に建てられた生家は改装しながら今も駒ヶ根市赤須町の住宅街で往時をしのばせる。

姉一人、弟一人、妹三人の六人きょうだいの長男として跡取りを期待されて育った。

出生当時、父啓太郎は赤穂公民実業学校(現赤穂高校)の教諭で村会議員だった。その後、同校の校長を経て赤穂信用組合(現アルプス中央信用金庫)を設立。初代駒ヶ根市長も務めた。

明治生まれの父のしつけは厳しかった。ある日、何か良くないことをしたとの理由で芦部は雪の積もった家の周りを素足で何周も走らされた。一方、こたつで長い物語の本を読んで聞かせるような子煩悩《ぼんのう》さを持ち合わせていた。そんな思い出を、啓太郎の米寿を記念して編まれた『巌上松柏《がんじょうしょうはく》』に芦部は書いている。

東に南アルプス、西に中央アルプスを仰ぎ見、その間を天竜川がとうとうと流れる駒ヶ根。「自然に恵まれていて、小さい頃は外でよく遊んだ。学校から帰るとかばんを放り投げて出ていった。冬はスケートだった」。長女の高村啓子が父から聞いた話だ。

芦部自身、赤穂学校同窓会誌『精美』の創立八〇周年記念号で、小学生時代の記憶をこうつづっている。「鼻をたらして、冬になると今と違って質素な服に羽織といういでたちで通学した幼友達の童顔も目先にちらつく。よく一緒に近くの小川で魚取りをしたものだ。貧しいが、よき時代であったと思う」

北海道大・上智大名誉教授の高見勝利は東大大学院時代から芦部の指導を受けた。芦部憲法学研究の第一人者である。芦部の視野の広さ、懐の深さ、バランス感覚の良さは、郷里・駒ヶ岳山麓の大自然を抜きには考えられないという。

芦部は小中学校を通じて、その後名をはせる二人の教師に大きな影響を受ける。その一人、向山雅重《むかいやままさしげ》が赤穂尋常高等小学校（現赤穂小学校）に赴任し、芦部の担任になる。

一方で、「よき時代」はやがて戦争に押しつぶされていく。

向山雅重の実地教育

向山雅重は上伊那郡宮田村出身の民俗学者である。

教職の傍ら地元伊那谷をくまなく歩き、衣食住から農作業、民俗芸能と、庶民の生活文化を丹念に聞き取った。軽妙なスケッチを加えたフィールドノート（野帳）は二〇〇冊、写真は二万枚を超える。

『信濃民俗記』などの著作を重ね、一九七〇（昭和四五）年に柳田国男賞や信毎（信濃毎日新聞の略称）文化賞を受賞している。

農作業の様子を記録する向山雅重(左)，1970年(写真提供：宮田村教育委員会).

その向山が、赤穂尋常高等小学校に赴任し、二年生の芦部の学級担任になったのは一九三一年、二七歳の時だ。既に行なっていたフィールドワークの手法を子どもたちの指導に生かした。

芦部は当時のノートを大切に保管していた。それを基に雑誌『信濃教育』の寄稿で向山の実地教育を再現している(「向山雅重先生を追慕して」一九九八年一一月号)。

例えば春の課題。赤穂村では、西の中央アルプス側は風が強く、東の南アルプス側より寒い。苗代には必ず風よけをつけた。カラマツなどで作られた風よけを写生し、大気、川、苗代の水の温度を測り、東西の違いをグラフにした。

付近の農家の外観、西山からまきを取って運ぶ中継所の小屋、四つ辻に立つ掲示板、炭小屋から馬で炭を運ぶ様子なども描いた。春夏秋冬、地域を自分の目で見て記録し、考えさせる。そんな授業だったことがうかがえる。

直江津（現新潟県上越市）への修学旅行ではノートの余白がなくなった芦部に一冊を買い与え、早朝の魚市場に連れ出してスケッチさせたこともあった。

憲法学者になった芦部は日本で最初に「立法事実論」を展開した。法律は必ず社会的・経済的・文化的事実に支えられて制定され存続する。だから、この事実（立法事実）と関わらせて法律の違憲・合憲を争わなければならないという考え方だ。

「この私の憲法論には向山先生から学んだ、徹底して対象を観察する授業からの影響も少なくない」

芦部は『信濃教育』にそう記した。

二人の交流は向山が一九九〇年に亡くなるまで半世紀以上続いた。向山は短歌誌『アララギ』に投稿する歌人でもあった。病床に見舞った芦部のことを詠んだ歌がある。


はるばると来たまひし君しづかなる面《おも》わは少年の日にも変わらず

これが『アララギ』誌上、向山最後の歌になった。

臼井吉見との出会い

芦部が旧制の小中学校で大きな影響を受けた教師の二人目は、臼井吉見《うすい》である。長野県南安曇郡三田村（現安曇野市）に生まれた臼井は、東京帝大国文科を卒業後一二年間、国語の教師をしていた。

戦後は、筑摩書房より総合雑誌『展望』を創刊、初代編集長を務めた。文芸評論や随筆など多数の著作を残した。中でも小説『安曇野』（全五部）は足かけ一〇年の大作で、谷崎潤一郎賞を受賞している。

その臼井が伊那中（現伊那北高）に赴任したのは一九三五年、三〇歳の時だった。芦部は翌年、同中に進学する。

少しの隙《すき》もなく緊張の連続で、『万葉集』『徒然草』『奥の細道』などの古典文学については特に印象的で感銘深く、その鑑賞を通して生徒に文学的素地を育んだ――。臼井の国語の授業を『薫ヶ丘外史』（伊那北高同窓会発行）は、こう記している。

芦部は、校友会誌を編集する雑誌部でも、島木赤彦、森鷗外などの作品鑑賞を通して顧問の臼井の指導を受けた。

その一端は、臼井の作品集『ほたるぶくろ』に収録された「鷗外「護持院ケ原の敵討《かたきうち》」鑑賞」でうかがうことができる。

臼井は、この作品は誰を描くのが狙いかと問う。芦部は、殺された奉行の娘「りよ」だと主張する。

先生　どういう「りよ」を描こうとしているのか？
芦部　武家の女のしっかりしたところを描こうとしている。
先生　どんなところにそれが出ているか？

読む力、書く力だけでなく、学問とは何かということについても、数々の教えを受けた。伊那北高写真集『天竜河畔に咲く桜』への寄稿で芦部はそう振り返った。

前述した『信濃教育』では臼井の指導の逸話を大意、次のようにつづっている。

一年生の時、「思ひ出」と題する作文を書かせる授業があった。幼いころ、海水浴に行き、水を怖がって父に海に放り込まれたことを書いた。その末尾に「将来日本を背負って立たなくてはならぬ私達が海を怖がるとは」という趣旨の三行を添えた。臼井はこれを赤ペンで削った。

頭で景色を描き美辞麗句を並べたり、寂しいとか悲しいとかいうことばを通り一ぺんに使ってはならない、というアララギの精神を徹底して教えられた。

芦部はこの「三行削除」を憲法学でも教訓とした。

信濃宮神社造営への動員

長野県下伊那《しもいな》郡大鹿《おおしか》村大河原上蔵《わぞ》。「参道」と書かれた古びた案内板に従って上り始める。

落ち葉に覆われた山道は次第に痕跡《こんせき》が消えていく。

立木の枝をつかみながら斜面をよじ登ること十数分。ようやく流れ造りの社《やしろ》の屋根が見えてきた。

信濃宮神社である。人けのない境内に立つと、さーっと風が吹き、木々をざわめかせた。

神社は一九四〇年、皇紀二六〇〇年の記念事業として長野県が創建に着手した。南北朝時代、大河原を拠点に南朝勢力の挽回《ばんかい》を図った宗良親王を祭る。

造営は日中戦争が泥沼化していた時期。国民精神高揚のため旧制中学などの生徒が勤労奉仕で動員された。

伊那中五年生だった芦部もその一人。夏休みに公会堂に泊まり込み、炎天下でつるはしを振るい、もっこを担いだ。

ここにいたる時期。一九三一年に起きた満州事変をきっかけにナショナリズムが高まり、軍部の発言力が増していた。東京帝大教授だった美濃部達吉は、天皇機関説が陸軍や右翼などから激しく排撃され、貴族院議員の辞任に追い込まれた。のちに芦部は美濃部の孫弟子となる。

戦時体制の形成に伴い、国体論に基づく思想統制、社会主義・自由主義への弾圧が厳しくなっていく。

伊那中では二件の思想事件が起きていた。

一九二九年、校友会自治を求める生徒のグループが保守派の生徒たちを襲い、停学などの処分にされた。処分に反発して社会主義的な活動に入り、戦争反対のビラを刷ったことが発覚し、退学になるなどした(伊那中事件)。

その四年後、治安維持法違反の疑いで県内の教職員ら六〇〇人余が摘発された二・四事件では、伊那中生六人が共産党機関紙・赤旗を持っていたとの理由で検挙された。

学校側は「思想善導」と称して、国体明徴の教育と生徒の思想監視を強化する。

伊那中は一九四〇年、創立二〇周年を迎えた。記念式で芦部が生徒代表として述べた祝詞が校友会誌に載っている。

唯滅私奉公ノ至誠ニ燃エテ勇往邁進《まいしん》……以テ皇運扶翼《こううんふよく》ノ道を尽クス覚悟デアリマス。

伊那中・伊那北高『七十年史』は「日中戦争後、皇国、軍国思想が格段に強まったことを示している」と記す。

一方、日中戦争で応召した教職員三人が戦死し、芦部の心に影を落とす。

学徒出陣で知った軍隊

一九四一年一二月に太平洋戦争が勃発《ぼっぱつ》すると、政府は兵力の増強に乗り出す。一九四三年には文科系学生の徴兵猶予が廃止され、学徒出陣が始まった。

旧制の伊那中を卒業した芦部は、臨時措置で修業年限が二年半に短縮された松本高（現信州大）を経て、同年一〇月に東京帝大法学部に入学する。だが、わずか二カ月で召集され、陸軍金沢師団に入営した。

その同じ輜重《しちょう》（輸送・補給）部隊に東京帝大生の小林直樹がいた。

長野県小諸市出身の小林はその後、東大憲法学で芦部と並び立つ存在になり、芦部と同様、平和憲法擁護の運動に主導的役割を果たす。部隊ではお互いを知らなかった。

小林は雑誌『ジュリスト』の芦部追悼特集で、「皇軍」の実態をこう振り返っている（「僚友・芦部君への最終便」一九九九年一二月一五日号）。

陰険で理不尽な古兵《こへい》らのリンチ、個性も人間の尊厳も頭から無視した〝絶対服従〟の強要、悪行でも要領よくやればまかり通る御都合主義……。

当時の光景から歌を二首詠んで不条理を表した。

懲罰に〝戦友《とも》〟と向いて頰《ほお》なぐり合ううとましき兵舎の夜の重さよ

あかぎれの手もて馬糞を片づけし日々の使役《しえき》（隊の作業）の苦《にが》き屈辱

芦部が部隊生活の詳細を記したものは見当たらない。

だが、妻の律は「力いっぱい殴られて、あごが外れた人もいた」などと、その一端を聞いている。「軍隊を生涯にわたって嫌っていました。人間性を無視していると」

学徒出陣に向け首相東条英機はラジオでこう放送した。

かねてより殉国の至情抑え難き青年学徒の念願に応え、政府はこれら学徒をして直接戦争遂行に参与せしめることに方針を決定した——。

実際は学徒一〇万人以上が強制的に動員され、多くの若い命が散った。

「あまりにも空《むな》しく、万感が胸に充《み》ちる」

学徒出陣五〇周年の一九九三年。芦部は『法学教室』でそう述懐した(「学徒出陣」同年一一月号)。そして、学生たちに呼び掛けた。

「「わだつみのこえ」(戦没学生の手記が訴えるもの)に耳を傾けてほしい」

それは芦部が憲法学研究を進める上で自らに言い聞かせてきたことでもある。

実家への遺書、友の戦死

太平洋戦争で日本軍が勝利を重ねたのはわずか半年だった。一九四二年六月のミッドウェー海戦の大敗北で戦局は転換する。ガダルカナル島では翌年、米軍の猛攻撃で多数の死者を出して撤退した。

東京帝大生の芦部が学徒出陣で陸軍金沢師団に入営したのは、その一九四三年のことである。おそらく生きて再び伊那谷の土を踏むことはないだろう。芦部はそう考えて、入営前に遺書をしたためた。

数カ月後、上官から各自、髪と爪を切って実家に送るよう指示があり、その遺書を添えた。赤穂町の家でそれを受け取った母きくよの姿を、芦部の一〇歳下の妹、堀江玲子は今でも鮮明に覚えている。

遊びから帰ると、母は座敷の隅にひとり、放心したような顔で座っていた。「大きいお兄ちゃん〔長兄〕が送ってきた」と、玲子に白い紙の包みを見せた。

ほんの少しの髪と白く乾いた爪。じっと見つめる母の目に涙が浮かんでいた。

芦部は一九四四年、陸軍に入った学徒兵が受ける特別操縦見習士官の一次試験に合格した。合格者は約五〇〇人の中隊で三人だけだった。

そのうち二次の精密試験に合格したのは一人。芦部は不合格だった。長女の高村啓子は、目が悪くてレーダー画面が読み取りにくかったと聞いている。

特別操縦見習士官が特攻隊要員だったことを芦部は後になって知った。もし合格していれば、遺書と形見が現実のものとなっていただろう。

米軍の本土空襲が激しくなったころ、芦部は各務原《かかみがはら》飛行場（岐阜県）の航空部隊に勤務。飛行機を空襲から守るため、山の中に移す誘導路を造成する任務を帯びていた。その時のことを芦部は雑誌『法学教室』に次のように書いている（「私の戦後五十年」一九九五年三月号）。部隊長は来襲する米艦載機と刺し違える覚悟で戦えと命じたが、近くの防空壕《ごう》に飛び込むのが精いっぱいだった――。

戦争末期の一九四五年三月には名古屋を空襲するB29爆撃機の大編隊を遠望した。この空襲で、工場に学徒動員されていた母校旧制伊那中の生徒を含む多数の中学生が死傷した。東京帝大では同じ下宿で毎晩のように語り合った友も戦死した。この痛嘆の思いが、新生憲法に対する原点になる。

終戦後の文化運動で雑誌発行

一九四五年八月、多くの命を犠牲にして戦争は終わった。日本は米国の占領下に置かれ、GHQ(連合国軍最高司令官総司令部)の一連の改革によって思想や言論の抑圧が取り除かれた。混《こん》沌《とん》と解放感の中で全国に新しい文化の花が開く。

とりわけ長野県は、戦時下の官製の活動を反省した青年団の動きと農村文化協会の啓発活動が相まって、各地で活発な文化運動が展開された。

福井の飛行場部隊で終戦を迎えた芦部は、健康上の理由もあってすぐには東大に復学せず、一年近く郷里、赤穂町にとどまった。そこで文化運動に情熱を燃やす。

旧制伊那中時代の友人らと「新星倶楽部《クラブ》」というサークルをつくり、『行人』(後に『伊那春秋』と改題)という雑誌を発行した。親戚の雑貨商に分けてもらったわら半紙を使ったガリ版刷りだった。

れている。

「戦後のあわただしい世相をつかみ、究極の問題を考へようと企てた高度の要求からの集冊である……現実の日本の上に勤労的なヒューマニズムを創造する」
言葉が躍っており、戦後の高揚感をうかがわせる。

発行には、赤穂尋常高等小時代の恩師で、後に民俗学者となる向山雅重が協力した。鉄筆とやすり板を芦部に貸し、原紙の切り方を教えた。エッセーや短歌の寄稿もしている。『信濃教育』に芦部がつづった向山との思い出である。

『伊那春秋』は現在、一九四七年一二月発行の五号だけが駒ヶ根市立図書館に所蔵されている。この当時、芦部は復学して東京にいたためか、発行人を交代し、寄稿する側に回っている。

戦後間もなく芦部が郷里赤穂町で発行した雑誌.

そこに掲載された「或日《あるひ》の出来事」と題した芦部のエッセー。ドイツの哲学者フィヒテの言葉を引き、当時の世相にこんな疑問を投げかける。

「敗戦後我々《われわれ》は唯過去の日本精神の代りに、無批判にマルクスやレーニンの或はアメリカニズムの阿片に陶酔していはしないか。或は又、選民思想皇道哲学以外何物も現実の矛盾を分析できなかった盲従の過去を深く反省せず、敗戦の責任を全て戦争責任者に集中させていはしないか」

世の中を多角的に観察する。向山の教えが底流にあるように見える。

「戦争放棄」の草案要綱

終戦から半年余り後の一九四六年三月七日。復員後すぐには東大に復学せず、郷里赤穂町で文化運動をしていた芦部は、この日の新聞に目を見張った。

掲載されていたのは政府の大日本帝国憲法(明治憲法)改正草案要綱。戦争放棄や戦力の不保持、交戦権の否認という画期的な内容が新憲法に盛り込まれることを初めて知った。

草案要綱の発表までには紆余《うよ》曲折があった。

前年の一〇月、連合国軍最高司令官マッカーサーは当時の首相幣原喜重郎《しではらきじゅうろう》に憲法の自由主義的改革を要請した。これを受けて政府内に松本烝治《じょうじ》国務相を委員長とする憲法問題調査委員会(松本委員会)が設置される。このメンバーの中に後に芦部の師となる東大教授宮沢俊義がいた。

一九四六年二月、秘密裏に改正作業を進めていた松本委員会の試案が毎日新聞にスクープされる。依然として天皇に統治権を持たせるなど保守的な内容にGHQは慌てた。民間の憲法研究会の草案も参考に、自ら英文の改正草案(マッカーサー草案)を作成した。

ここに主権在民に基づく象徴天皇制と戦争放棄が登場する。日本政府はやや手を加えて和訳したものを政府原案(草案要綱)として公表した。

「戦争放棄」を誰が提案したかは長年の論争になっている。歴史学者の笠原十九司《とくし》は近年、首相幣原の秘書役だった平野三郎が幣原から聞き取った「平野文書」などから、幣原が秘密裏にマッカーサーに直訴したとの説を雑誌『世界』に発表している(「憲法九条は誰が発案したのか」二〇一八年六月号)。

戦争や戦力の放棄は毎日新聞が報じた政府試案や民間研究会、各政党の案にもなく、芦部に限らず国民の受けた衝撃は大きかったようだ。

草案要綱が発表されて間もなく、元東大教授美濃部達吉の論文「憲法改正の基本問題」が雑誌『法律新報』(一九四六年四・五月合併号)に掲載された。

「天皇機関説」の美濃部はここでも天皇が君主で最高統治者であるとの考えを説いてはいる。だが、天皇統治制の可否について国民投票に付し、最終決定することを求めた点で斬新だった。

この雑誌を郷里赤穂町の書店で買い求めた芦部は感銘を受けた。そして憲法を研究する気持ちを固めていく。

リベラリスト・宮沢俊義

赤穂町に一年近く滞在した芦部は、一九四六年九月、東大に復学する。

そこで、政府の憲法問題調査委員会の中心メンバーとして大日本帝国憲法の改正作業に携わった宮沢の講義を受けた。宮沢との出会いは芦部の進路を決定づける。

芦部に言わせると宮沢は、個人の自由と自律を最大限に尊重する徹底したリベラリストだった。その源は長野市で過ごした少年時代にある。

母親(駒ヶ根市出身)に勧められ、商業学校の教員だった渡辺信夫の自宅で英語を学んだ。立身出世という世俗的な考え方を強く否定し、一人の人間として自主的に成長することを説いた渡辺。「それは終生動かしがたい教訓として、私の人生に決定的な影響をあたえた」と宮沢は回顧している。

戦前は明治憲法を教えていた宮沢が腐心したのは、新憲法(日本国憲法)の制定過程を法的にどう説明するかだった。

新憲法は形式的には明治憲法の改正手続きによって制定された。だが、明治憲法で主権者であった天皇が自らの主権を否定し、全く異なる国民主権にすることは本来あり得ない。そこで宮沢が唱えたのが「八月革命説」である。

一九四五年八月、日本は無条件降伏勧告と戦後処理方針からなるポツダム宣言を受諾した。その前段で日本政府は天皇の権限について連合国側に尋ね、「日本の最終的な政治形態は、日本国民の自由に表明される意思によって決定される」との回答(バーンズ回答)を得た。

これを受け入れたことは主権者が天皇から国民に代わったことを意味する。この変革は合法的にはなし得ないのだから法的な意味での革命が起きたと考えられる――。この宮沢説は通説になった。

宮沢は少年期に受けた教えを反映させるかのように、「個人の尊厳」こそが憲法の核心的な原理であると強調した。そこから国民主権や平和主義などを導く論を展開する。

一九五〇年代後半、岸信介《のぶすけ》内閣の憲法改正の動きに対抗するように他の学者らと「憲法問題研究会」を結成。芦部が東京新聞に書いた追悼によると、宮沢は「法の解釈のみの法学は男子一生を託するに値しない」と、逆コースに立ち向かった（一九七六年九月八日夕刊、『憲法叢説一』所収）。

宮沢の助手を経て助教授になった芦部は、「たたかう民主主義」を実践する師の背中を追っていた。

ラートブルフの論文に感銘

芦部が東大法学部を卒業して助手になった一九四九年、二〇世紀を代表する法哲学者が他界した。ドイツのグスタフ・ラートブルフである。

ナチスによって大学教授の職を追われたラートブルフが、第二次世界大戦後間もなく発表した画期的な論文に芦部は突き動かされる。

第一次大戦後のドイツが制定したワイマール憲法は国民主権や議会制民主主義、直接選挙による大統領制を定め、当時、世界で最も民主的とされた。だが、ナチスが政権を握り、国会の立法権を政府に委ねる全権委任法を成立させると、独裁体制が強まり憲法は死文化する。

副総理・財務相の麻生太郎が二〇一三年、日本国憲法の改正問題に絡み「ワイマール憲法はいつの間にか変わっていた。あの手口を学んだらどうか」と発言、撤回した「あの手口」である。ナチスは「ドイツ人の血と名誉を守るための法」（ニュルンベルク法のひとつ）などユダヤ人迫害の立法を次々に進めた。これに対し法学界は無力だった。正規の手続きで制定された法である以上、従わなければならない。つまり「悪法もまた法である」との考え方が主流だったからだ。

この教訓を踏まえ、ラートブルフが発表したのは「制定法の不法と制定法を超える法」という論文。難解である。

法理学が専門の金沢大教授、足立英彦の平明な解説によると、大意は次のようになる。法は正義を実現することが目的である。だから正義の中でも特に大事な平等の原則を無視して制定された法律はもはや法とは呼べない。

これは「ラートブルフ定式」と呼ばれ、戦後処理の裁判に大きな影響を与えた。

治安維持法による思想弾圧を目の当たりにしてきた芦部は、この論文に強い感銘を受けた。個人の尊厳を冒し、その自由を不当に侵害する法律は、正当な法としての性格を否定しなければならない。そのための憲法の理論、技術を構築することが戦後の憲法学に課せられた最も重要な課題ではないか。芦部はそんな使命感を抱くようになる。

それは、一九五九年から約二年間、米ハーバード・ロー・スクールへの留学を経て、「憲法訴訟論」となって結実する。事件の裁判を通して法律などの違憲性を問う憲法訴訟は、今でこそ一般的だが、実務は芦部が開拓した。
最大の目的は人権を守ることである。

第 2 章

憲法改正と自衛隊

長沼事件で自衛隊違憲の判決を出した札幌地裁，1973 年 9 月(写真提供：共同通信社).

「いよいよ憲法改正に取り組む」。二〇一八年九月、自民党総裁選で連続三選された首相安倍晋三は強い意気込みを見せたが、任期を全うすることなく辞任。二〇二〇年八月の退陣表明会見では、「拉致問題や憲法改正は自民党として全力で取り組むと約束している課題だから、次の強力な体制で取り組んでほしい」と期待した。

戦後の歴史の中で繰り返されてきた改憲論。その始まりは七〇年余り前にさかのぼる。焦点は常に、戦争放棄と非武装の九条であった。芦部信喜が改憲問題や自衛隊訴訟に残した足跡をたどり、今に通じる示唆を得たい。

平和主義徹底から憲法擁護へ

日本国憲法を改正する動きが、一九四六年一一月の公布より前に、早くも起きていたことはあまり知られていない。

内閣法制局参事官として憲法の起草作業に携わり、著書『憲法と君たち』で知られる上智大名誉教授、佐藤功《いさお》（一九一五～二〇〇六年）。その「憲法改正論の系譜と現状」（『ジュリスト』一九七七年五月三日号）などによると、経過は次のようだった。

連合国による日本占領政策決定の最高機関、極東委員会が一九四六年一〇月、憲法施行後一～二年の間の再検討を決めた。背景には、米国主体のＧＨＱが憲法案策定で独走したことに対し、ソ連などの反発があったとみられる。

だが、この期間は新しい憲法の普及運動が広く行なわれていた。ＧＨＱも日本政府、国会も再検討に消極的で、議論の機会を持たなかった。

その中で注目すべきは学界の動きである。

丸山真男らの公法研究会は敏感に反応し、憲法改正意見を取りまとめている。それは今日に至る改正論とは逆で、平和主義などの基本原理をより強化するものだった。

例えば九条二項。「前項の目的を達するため、陸海空軍その他の戦力は、これを保持しない」の「前項の目的を達するため」を「いかなる目的のためにも」に差し替える。東大憲法研究会も同じ方向を指向する改正案を提示している。

一九五〇年の朝鮮戦争勃発と翌年のサンフランシスコ平和条約調印による日本の独立回復が、憲法改正論のベクトルを変える。再軍備論や押しつけ憲法論が台頭したのだ。当初の改憲派は憲法擁護という守勢に回ることになる。

米国の再軍備要求が強まり、一九五三年五月からの第五次吉田茂内閣で日米相互防衛援助協定などのMSA協定締結や自衛隊法の制定が行なわれた。改憲の動きは急テンポで進展する。東西対立が激化する中で、来日したニクソン米副大統領が「日本の憲法に非武装化を盛り込んだのは誤りだった」と演説したことが拍車をかけた。自由党や改進党が相次いで憲法調査会を発足させ、ともに全面改正案を発表した。

東大の助教授になって間もない芦部はこのころ、改憲論についての最初の論文「日本國憲法改正の問題點」を『國家學會雜誌』に発表する（一九五四年九月号）。ただ、これは研究の「資料」として論点を列記したにとどまる。

本格的な批判を始めるのは、憲法改正を「悲願」とする鳩山一郎の内閣誕生を待つことになる。

政府の調査会発足

一九五四年末の鳩山一郎政権誕生から五七年の岸信介政権に至る期間は、「政治闘争としての憲法改正問題の最も切迫した時期、最大のピークであった」。佐藤功は、そう分析している

（同前『ジュリスト』）。

「〔戦争放棄の〕九条を改正しなければ国を守れない」と訴える鳩山。それに呼応するように超党派の自主憲法期成同盟や自主憲法期成議員同盟が結成された。

憲法改正作業の具体的手順として内閣に憲法調査会を設置する法案が国会に提出されると、改正は一気に現実味を帯びてきた。自分の手で改正を目指す鳩山は、第三次政権で憲法改正の実現を三大政策の一つに掲げ、ピッチを上げた。

改憲問題は、歴史的な政界再編を促した。

ともに改正反対を唱える左派・右派社会党は一九五五年一〇月、平和憲法擁護を共通目標に統一。この動きに対して鳩山率いる日本民主党（旧改進党）と自由党が翌月、合流して自由民主党を結成する（保守合同）。保守と革新が対立しながら保守一党優位を保つ政治体制「五五年体制」はその後、四〇年近く続くことになる。

政府の憲法調査会は一九五七年、岸信介内閣になって発足し、改正作業が動き始めた。東大憲法学で改正反対の先頭に立ったのは、芦部の師、教授の宮沢俊義である。

宮沢は政府の調査会への参加要請を拒否。「〔再軍備など〕自由民主党的な憲法改正」を阻止すべきと主張した（「憲法調査会の発足をめぐって」『世界』一九五七年一〇月号）。大内兵衛《ひょうえ》や湯川秀樹らと発起人になり、改憲に批判的な学者五〇人余の憲法問題研究会を組織。事実上、政府調査会に対抗していく。

このころ、助教授の芦部は宮沢を援護するように幾つかの論考を発表している。

ＧＨＱの「押しつけ」とする改正論に対して、大意こう述べる。

憲法を改正すべきかどうかという問題は、憲法成立の形式よりも憲法の内容そのものにかかっている。現憲法の草案要綱に国民一般はおしなべて好意的な反響を示した(「憲法改正問題の概観」宮澤俊義ほか『憲法改正』)。

そして改正内容についてもこう危ぶんだ。

再軍備を中心とし、現憲法の基本原理に全面的な修正をほどこす方向に向かっている――(「憲法改正論議」『ジュリスト』一九五七年六月一日号)。

両論併記の報告書

「憲法調査会で、「日本国憲法は改正すべし」という権威ある結論を出させたかったんです」。岸信介は当時の執念をそう振り返っている(原彬久《よしひさ》編『岸信介証言録』)。

一九五七年八月、先述のとおり岸内閣の下に憲法調査会が発足。岸は九条の廃棄など全面改正を目指していた。

調査会は、改正に反対する社会党などが参加せず、配分予定の一〇委員を欠いた。批判的な学者の多くも加わらなかったため、改正推進論者に偏った構成になった。

審議は、憲法制定の経過を検証する欧米調査などもあり、七年の歳月を費やすことになる。

結局、内部対立から統一的な改正案をまとめられず、最終報告書は改正論と改正不要論の併記に終わった。

岸が抱いた二つの悲願のうち、日米安全保障条約の改定は激しい反対運動にさらされながらも実現を見た。だが、もう一つの憲法改正のもくろみは挫折した。その遺志は岸の孫である、首相安倍晋三に受け継がれた。

岸政権のころ、東大の助教授だった芦部は安保闘争の高揚を見ないまま一九五九年秋、米国留学に旅立つ。

二年後に帰国。憲法調査会の最終報告前後に多くの論考を発表している。その一つ、「改憲問題のゆくえ」は、芦部にしては珍しく強い調子での批判である(『思想』一九六三年二月号)。

現行憲法が権利偏重、義務や国家の軽視に陥っているとする調査会委員の改正論に対し、「憲法の本質に対する正しい理解の欠如」と非難。憲法の本質は、すべての国家権力を法的に拘束し、国民の自由・権利を最大限に保障するところにある、と立憲主義を説く。

最大の焦点である九条改正については、こう述べる。

「果して非武装への道が現実離れであり、ナンセンスであるのか。……憲法九条を生かすことは日本国民の理想であるという前提から、平和国家の構想を現実的・具体的に究明することが必要だと思う」

自らの戦争体験が主張の底流にあるのだろう。

安保改定で退陣した岸と交代した池田勇人《はやと》の内閣は経済成長を政治目標に掲げ、憲法改正には慎重な姿勢を示した。これによって改憲論議は沈静化する。

代わって、芦部が「実質的な憲法破砕の既成事実がつみ重ねられてゆく可能性」(同前『ジュリスト』)と懸念した解釈改憲が広がることになる。

恵庭事件——裁判と学界に橋を架ける

岸信介内閣の下で発足した憲法調査会の憲法改正論議が終盤を迎えていた一九六二年。北海道である事件が起きた。それが自衛隊の違憲性を問う重大裁判に発展するとは当初、誰が予想しただろうか。

札幌市の南郊、恵庭《えにわ》町(現恵庭市)。陸上自衛隊島松演習場(現北海道大演習場島松地区)付近の酪農家は、爆音によって牛が早流産したり、乳量が減少したりする被害を受けていた。

再三の抗議で自衛隊側は、牧場との境界付近で大砲の実射訓練をする際は事前連絡すると約束。これを破って訓練が始まったため、酪農家の兄弟は抗議に行ったが無視され、着弾地点などを隊内で連絡する通信線を切断した。

兄弟を自衛隊の装備を壊した自衛隊法違反で起訴——。この小さな新聞記事を、北海道大の学生だった笹川紀勝(現国際基督教大名誉教授)は見逃さなかった。笹川から記事を見せられた憲法学の助教授深瀬忠一《ただかず》(一九六四年教授。一九二七～二〇一五年)は戦慄《せんりつ》を覚えた。有罪が確定すれば自衛隊は合憲のお墨付きを与えられる。国防の名目で人権が侵害抑圧される先例になる……。

深瀬は『世界』に事件の重要性を紹介(「島松演習場事件と違憲問題」一九六三年九月号、『恵庭裁判における平和憲法の弁証』所収)。平和憲法を守ろうと全国から弁護士が手弁当で集まるようになり、弁護団は最終的に四〇〇人に膨れ上がった。深瀬も特別弁護人として加わった。

「全世界の国民が、ひとしく恐怖と欠乏から免かれ、平和のうちに生存する権利を有する」。憲法前文から導き出される「平和的生存権」を深瀬は体系的に展開し、平和主義に生涯をささげたといわれる。

その深瀬が裁判の進め方で頼ったのが、兄弟子である東京大の教授、芦部だった。

先述のとおり、芦部は助教授時代の一九五九年から二年間、米国に留学。ドイツ憲法学的な思考からアメリカ憲法学的思考に移行したとされ、憲法訴訟での「立法事実論」を開拓していた。法律の違憲性を問う場合、条文の抽象的解釈ではなく、法律の基礎にあって、合理性を支えている社会的な事実が存在するのか、妥当性があるのかを問題にする技術である。

この立法事実を恵庭裁判にどう取り入れていくか。芦部は深瀬と話し合った。その結果は自衛隊の実態審理につながっていく。

深瀬の弟子である笹川は次のように振り返る。

裁判実務と学界に橋を架けたのが芦部の功績。その実例が恵庭裁判だった——。

恵庭事件判決後に開かれた総決起集会，1967 年 3 月(写真提供：共同通信社).

肩透かしの判決

一九六〇年代、自衛隊の違憲性を問う恵庭裁判で弁護団の要《かなめ》になった内藤功《いさお》は、八七歳の今も東京で弁護士活動を続ける。「恵庭裁判では芦部の立法事実論を、特別弁護人の深瀬を通じて活用した」。内藤が振り返る。

立法事実論をこの裁判に当てはめると、こうなる。自衛隊が憲法で保持が禁じられている「戦力」か否かを抽象的な議論ではなく、具体的、客観的な実態の解明によって裏付けなければならない――。

裁判が始まっていた一九六五年二月。当時の防衛庁制服組が朝鮮半島有事を想定し、極秘に作戦をまとめた「三矢《みつや》研究」が国会で暴露される。弁護団は早速、研究を統率していた元統合幕僚会議事務局長(陸将)の田中義男を証人申請。内藤は札幌地裁の法廷で自衛隊の隠された実態に迫った。

証言によって、図上演習に在日米軍の関係者がおり、日米の制服組で定期的に共同研究をしていたことが明らかになる。内藤は「自衛隊が米国の軍事戦略に従属し、米軍と一体化した軍隊であることを立証した」と話す。

しかし、一九六七年に出た判決は「肩透かし」だった。

事件は、騒音に悩まされた酪農家の兄弟が自衛隊演習場の通信線を切断し、自衛隊法違反に問われた。判決は、通信線が同法で損壊を罰する「防衛の用に供する物」に当たらないから無罪とした。一方で、自衛隊(法)の違憲性については「判断する必要がない」と触れなかった。違憲判決が出なかったことに安堵《あんど》した検察は、無罪でも控訴しない異例の対応を取り、判決は一審で確定した。

憲法判断を問われた場合、司法はどこまで応えるべきか。論争が起きた。

消極派の宮沢俊義は「憲法判断をしないで裁判が十分にできる場合には、憲法問題に触れないのが原則」と恵庭判決に理解を示した。

積極派の有倉遼吉(早稲田大教授)は「違憲性の疑いのある法律を適用するのに、憲法判断しないで結論を出すことはできない」と反論した。

芦部説はいわば折衷案。事件の重大性や違憲状態の程度などを総合的に検討した結果、十分な理由がある場合には憲法判断に踏み切ることができると主張した。

恵庭判決から六年後。芦部説を踏まえたとみられる画期的な判決が言い渡される。

長沼事件――初の違憲判決

田園風景が広がる北海道長沼町。その丘陵に航空自衛隊のミサイル発射基地(現長沼分屯基地)を建設する計画が持ち上がった。国が水源かん養の保安林指定を解除し、伐採を許可したのは、日米安保条約の延長を控えた一九六九年のことである。

基地建設に反対する住民は、保安林指定解除の取り消しと執行停止を求めて札幌地裁に集団提訴した。長沼事件と呼ばれる。裁判は自衛隊が違憲かどうかが争点になった。

自衛隊関係者ら二四人もの証人尋問が行なわれ、提訴から四年後の一九七三年に判決が出る。

主文　保安林の指定解除を取り消す――。

その理由は大意次のようだった。

自衛隊の編成、規模、装備、能力からすると、明らかに軍隊であり、憲法が保持を禁じる「戦力」に該当する。自衛隊の存在やその関連法規が憲法に違反する以上、その基地建設のために保安林指定を解除することは「公益上の理由」を欠いて違法である。

住民側の主張を認め、司法として初めて自衛隊の違憲性を示した。

この判決の特徴は、憲法前文を基に深瀬らが展開した「平和的生存権」を採用したことにある。「基地は有事の際に相手国の攻撃の第一目標になり、住民らの平和的生存権は侵害される危険がある」と、住民の訴える利益を認めた。

さらに注目すべきは、六年前の恵庭判決のような憲法判断回避をしない理由である。憲法違反の重大性、国民の権利侵害の危険性、紛争の根本的解決の必要性がある場合は憲法判断をする義務がある――。これは芦部が唱えた説と重なる。

判決を書いた裁判長、福島重雄はその後、左遷され定年前に退官。今は富山市で法律事務所を営む。芦部説の採用について「四〇年以上前のことでよく覚えていない」というが、福島ら編著の『長沼事件　平賀書簡』で公開した裁判期間中の日記にこう書いている。「芦部さんの憲法判断回避論を読んだが面白かった」

福島判決後に『ジュリスト』誌上で開かれた憲法学者の座談会(「長沼違憲判決をめぐって」一九七三年一二月一日号)。芦部は判決内容を「常識的」と評価した上で、「戦力」の解釈を広げてきた政治に反省を促した。

ただ、福島判決は高裁で、保安林の代替施設の完成を理由に訴えの利益がないと覆され、最高裁も上告を棄却。いずれも憲法判断に入らなかった。

今日まで自衛隊の憲法適合性を最高裁が判断したことはない。芦部の指摘とは裏腹に、自衛隊の活動範囲は広がっていった。

攻撃される前文

「平和を愛する諸国民の公正と信義に信頼して、われらの安全と生存を保持しようと決意した」

非武装平和の精神をうたった憲法前文のこのくだりは、古くから改憲派の攻撃の的になっている。

岸信介内閣のもとに発足し、一九六四年に最終報告を出した政府憲法調査会。「理想倒れであって政治の実際に合致しない」「独立国家の本質に反する」などの意見が多かった。

一九六八年には憲法の尊重・擁護義務を負う閣僚からも非難の声が上がり、国会で問題になった。農相倉石忠雄(衆院旧長野一区)の閣議後記者会見での発言である。

倉石は、日本海の漁船安全操業問題に絡んで、憲法前文についてこう言い放った。

他力本願で、この現実の中で国家が生きていくことはできない。こんなばかばかしい憲法を持っている日本は、めかけみたいなものだ――。

国会は空転し、倉石は発言を撤回しないまま「国会正常化のために」辞任した。

冒頭に引用した憲法前文はこう続く。

「われらは、平和を維持し、専制と隷従、圧迫と偏狭を地上から永遠に除去しようと努めてゐる国際社会において、名誉ある地位を占めたいと思ふ」

倉石発言に対し芦部は『時事教養』で反論する。題は「憲法前文は理想にすぎぬか」(一九六八年五月上号)。大意、こう説いている。

国の安全を「力の均衡」によって保障しようとする考えは無制限の軍備競争を起こし、平和の確立を妨げる。永久平和の世界を実現するためには、各国が相互信頼の立場に立つことが不可欠である。

憲法前文は、(他国任せではなく)政府が平和構想を示したり、国際紛争の平和的解決のための措置を具体的に講じたりするなど、積極的な行動を取ることを要求している――。

「積極的平和主義」とも呼ぶべき前文解釈は、芦部の代表的な著書『憲法』や『憲法学』にも貫かれている。

武器禁輸の原則を撤廃する。他国への攻撃に対しても自衛隊が武力行使できる集団的自衛権の行使を認める。自衛隊を随時海外派遣し、弾薬の提供を含めた他国軍の後方支援をできるようにする……。

安倍晋三政権が掲げたこのような「積極的平和主義」とは別物である。

九条と現実との相克

「陸海空軍その他の戦力は、これを保持しない」

憲法九条の二項である。

では、陸・海・空の三隊からなる自衛隊は、軍や戦力ではないのか。論争は自衛隊発足の一九五四年以来、六〇年余続く。

芦部の代表作で、初版が一九九三年に発行され大学の教科書として読み継がれる『憲法』。その中で、芦部は「戦力」は、軍隊および有事の際にそれに転化しうる程度の実力部隊、「軍隊」はその名称は何であれ、外敵の攻撃に対して国土を防衛する目的にふさわしい内容を持った実力部隊と定義する。

そしてこう説く。

現在の自衛隊は、人員・装備・編成などの実態に即して判断すると、「戦力」に該当すると言わざるを得ない――。

つまり違憲である。

ただ、そうであれば、憲法を改正するか、自衛隊を解消するしか、九条と現実との矛盾を解くことはできない。芦部は苦悩していた。

その一端がうかがえるのが一九九五年、母校伊那北高校の創立七〇周年記念継続事業の講演である。終盤で大意こう述べている。

人類の理想を先取りして戦争放棄と非武装をうたった九条は改正しないで、理想に近づけるよう日本が先導的な役割を務めるべきだ。

一方で、国民の多くが自衛隊の存在を肯定的に受け止めている。九条と自衛隊が両立するためには、「政治的マニフェスト〔宣言〕説」の今日的意義を再検討しなければならない――。

マニフェスト説は、高柳賢三（東大名誉教授、一八八七〜一九六七年）が一九五〇年代に唱えた。九条は為政者を直ちに義務づける規範ではなく、理想を表明したものとする説である。現状追認になるとの異論もある。

芦部の教え子の高見勝利は、政治学者丸山真男（東大名誉教授、一九一四〜九六年）の論考を芦部が踏まえていたとみる。丸山は、マニフェストを単なる政治的な宣言と捉えるのではなく、政府の政策決定を方向づけるものと主張した。

芦部は「必要最小限の自衛力」を認めながらも、九条を守ることにこだわり、講演をこう締めくくっている。

不戦の誓い、非武装の理想、これを堅持することによって初めて、憲法学者として、あの戦争で尊い生命を絶った犠牲者に鎮魂の誠をささげる道が開ける——。

第3章

人権と自由

猿払事件の違憲無罪判決を伝える信濃毎日新聞夕刊，1968年3月25日付.

一九五〇年代から六〇年代にかけて大きなうねりとなった憲法改正論。柱は再軍備、天皇制強化と並んで人権の制限だった。国家を重んじ、国民の権利を狭め、義務を広げよとの主張である。

その水脈は自民党内を流れ続け二〇一二年、憲法改正草案となって表れた。

憲法の本質は国家権力を制限し、人権を保障することにある。戦争を体験した芦部信喜は多くの著書でそう説く。芦部が人権の制限にどう立ち向かったのか。憲法裁判への関わりを中心に見つめ直し、現代への問いかけに耳を澄ます。

公務員の政治活動問う猿払事件

北海道猿払《さるふつ》村は、オホーツク海に面した日本最北の村である。

一九六七年、寒風吹きすさぶ一月。地元の郵便局員が休みの日曜日に衆議院議員選挙候補者のポスター六枚を公営掲示板に貼っていった。同じ頃、同僚らにも掲示を依頼してポスターを配布した。

この小さな出来事が、人権を問う憲法事件に発展する。

郵便局員は、二〇〇七年に民営化されるまで国家公務員だった。国家公務員法(国公法)は選挙権の行使を除いて政治的行為を禁じている。政治的行為とは何かは人事院規則で細かく定められ、選挙用ポスターの掲示や配布も該当するとされる。

ただ、憲法二一条は「一切の表現の自由」を保障している。国公法違反の罪で罰金五〇〇〇円の略式命令(書面審理だけの簡易的な手続き)を受けた郵便局員側は、処罰は憲法違反だと旭川地裁の正式裁判に持ち込んだ。

公務員の政治活動制限の合憲性が初めて、法廷で争われることになった。

地裁は、米国留学を経て憲法訴訟論を確立した芦部に鑑定意見書の提出を求めた。

半世紀前に書かれたこの意見書を収めた資料を、立命館大名誉教授の大久保史郎は今でも大切に保管している。

早稲田大大学院生時代にこの意見書に触れた大久保。「新しい憲法解釈論が裁判実務の場に登場しつつある」と実感し自らの専攻を労働法から憲法に変え、弁護団を手伝った経歴を持つ。

国家公務員の一律、全面的な政治活動制限は、国公法制定からわずか一年後の一九四八年の改正で導入された。背景には米国とソ連の対立があった。米国中心であったGHQは日本を極東の反共の砦《とりで》にする方針の一環で、公務員の労働運動を抑え込む改正を指示した。

芦部は意見書で次のように強い疑問を呈している。

表現の自由の中でも政治活動の自由は、民主的な政治過程を基礎づける最も根本的な原則。占領下の特殊な状況のもとで設けられた厳しい制限をなお維持する合理的根拠はあるのか――。

さらに、職務上の行為と職務外の行為、勤務時間内と時間外を区別し、後者は政治活動の自由が原則であること、権力の行使を伴う職かどうかで制限の程度、範囲は異なることなどを指摘した。

一九六八年三月に出た判決は、無罪。非管理職で、勤務時間外の職務を利用しない行為にまで罰則を適用するのは憲法に違反する。芦部の意見書をほぼ踏襲していた。

この判決は同種事件に大きな影響を与えることになる。

統計局事件で法廷証言

宮里邦雄は、労働事件一筋五〇年余の現役弁護士。手掛けた多数の事件の中でも印象深いのは、総理府(現総務省)統計局事件である。

一九六五年七月、東京都議会議員選挙告示の翌朝。統計局の女性事務官三人が庁舎通用門付近で「都議選いよいよ始まる」と題したビラ(職員組合ニュース)を登庁する職員たちに配った。ビラには組合が推薦する社会党や共産党の立候補者名が選挙区ごとに書かれていた。このことが職員の政治的行為を禁じた国家公務員法などに違反するとされた。

女性たちは、国公法適用は表現の自由を定めた憲法に違反すると無罪を訴えた。一九六九年六月、一審の東京地裁は、これを認めず三人に罰金各一万円の判決を言い渡した。

弁護人の宮里が控訴審で頼ったのは、やはり東大教授の芦部だった。

芦部は、先述のとおり郵便局員が政治的行為で国公法違反の罪に問われた猿払事件の一審で鑑定意見書を提出、無罪判決を導いていた。

宮里は、東大法学部生時代に講義を受けた芦部の研究室を訪ね、学者証人としての出廷を懇願した。初めてのことに芦部は当惑した様子だったという。

一九七〇年七月、傍聴席が満席になった東京高裁法廷。芦部は証言台に立った。その時のやりとりを記録した資料が日本国家公務員労働組合連合会(国公労連)事務所の書庫に眠っていた。

それによると宮里は、米国留学を経て芦部が確立した立法事実論や合憲性審査(違憲審査)の方法、米国の判例などを順に質問し、核心に迫っている。

――国家公務員法や人事院規則による公務員の政治活動の制限規定を表現の自由の観点から見ると、どういう問題があるか。

芦部　ほぼ全ての政治活動が許されていない。公務員の職種、職務上の行為か否か、勤務時間内か否かも問わないのは大きな問題だ。違反に対する制裁として刑罰を加えるのも重すぎる。

裁判官も尋ねる。

――国公法の規定の合憲性はどのようにお考えか。

芦部　合憲的に適用される部分と違憲的に適用される部分を区別することは困難。端的に言えば、法令そのものが違憲と考える。

最後に芦部が述べた言葉が静まり返った法廷に響いた。

「表現の自由は民主主義の生命線である」

被告人らは無罪――。一九七二年四月に出た判決は、一審の有罪を覆した。

判決は、法令自体が違憲とは言わなかったが、芦部の証言を一部踏襲。裁量権のない非管理職が日常的な組合活動で行なったビラ配布に実質的な違法性はないと結論づけた。

最高裁の変質、公務員に厳しく

郵便局員が休日に選挙ポスターを貼るなどした猿払事件。総理府統計局職員が選挙候補者の名前が書かれた組合ビラを勤務前に配った統計局事件。昭和四〇年代の両事件の裁判で、芦部は意見書を提出したり、証言台に立ったりして、憲法の表現の自由擁護に情熱を注いだ。

猿払事件は一、二審とも無罪、統計局事件は二審で無罪になった。これをきっかけに、政治的行為を一律全面的に禁じた国家公務員法の違反に問われた事件で無罪判決が相次ぐ。その数は八件に上った。

判決の多くが表現の自由を重視し、国公法違反を適用するのは憲法違反だと指摘した。地裁、高裁判断の大勢は固まりつつあった。

ところが、最高裁が時計の針を逆に戻す。

一九七四年一一月。大法廷は猿払、統計局など三件の事件でいずれも逆転有罪判決を言い渡した。

公務員の中立性を損なう恐れのある政治的行為を禁止することは、その職種・職務権限、勤務時間の内外、国の施設利用の有無などを区別しなくても合憲、という趣旨だった。どの国家公務員も公私の別なく二四時間、三六五日、政治的行為ができないことになる。

芦部はこれを「「公務員は常時勤務状態にあるという君主制憲法下の公務員観をそのまま受

けついだ論旨」と私が評した検察側の主張と基調を同じくする」と批判（「猿払事件」田中二郎ほか編『戦後政治裁判史録　四』）。「私の立法事実の考え方や、私が主張した違憲審査の基準は、すべて排斥された」と嘆いた（「特別講義　憲法学四五年」『法学教室』一九九五年三月号）。

背景に最高裁判事の人事があると芦部はみていた。

判事は内閣が任命する（長官は内閣の指名、天皇の任命）。昭和四〇年代前半に主流だった、いわゆる人権派（ハト派）が、後半には公益優先派（タカ派）に置き換えられていった。

公務員のストライキなどの争議行為を全面禁止することの合憲性が問われた全農林警職法事件。判決時の一九七三年には、八対七で公益優先派が人権派を逆転。翌年の猿払事件などの判決時には、新任の判事五人全てが公益優先派で、一一対四という大差になった。「憲法判例の流れのリベラルな側面の息の根を止められた」と芦部は振り返った（伊那北高校『創立七十周年記念講演会記録』）。

これ以降、同様の事件で下級審は最高裁判決に従うようになる。公務員の労働組合の選挙活動は大きな打撃を受けた。

昭和三〇年代にかけての憲法改正論は、再軍備と並んで人権の制限が中心だった。その必要はなくなった。憲法を改正しなくても、最高裁の判例で事実上、目的を果たせるようになったからだ。

違憲性判断の「二重の基準」

元文部科学事務次官の前川喜平は東大法学部の学生時代、法律に興味が持てなかった。それでも唯一、みっちり勉強した講座があった。同学部教授、芦部信喜の憲法学だ。共著『前川喜平「官」を語る』で振り返っている。「それは非常に緻密な内容で、たとえば基本的人権のひとつである自由権といっても、精神的自由権と経済的自由権があって、これは別個のものとして考えなければならないと教えられましたね」

前川が言うのは、米国の判例で確立した理論で、芦部らが唱えた「二重の基準」。法令が合憲か違憲かを裁判所が判断する場合の基準である。その大意は次の通り。

さまざまな人権の中でも、言論・表現の自由などの「精神的自由」は民主的な政治過程に不可欠の権利だ。それが不当に制約されると、国民は自由な言論活動が困難になり、選挙によって正しい方向に是正することが難しくなる。

だから、政治過程と関係なく国会によって修正できる「経済的自由」の規制より厳格な基準で違憲性を判断しなければならない。

芦部はこの理論をさまざまな憲法裁判で展開している。郵便局員が休日に選挙ポスターを貼るなどし国家公務員法違反に問われた猿払事件で、旭川地裁に提出した意見書(一九六八年)。総理府統計局の職員らが勤務時間外に選挙ビラを配って同法違反に問われた事件の東京高裁法廷証言(一九七〇年)……。

この間の一九六九年、岩手県屋外広告物条例事件で芦部が盛岡地裁の求めに応じて提出した鑑定意見書でも二重の基準論を述べている。

同県内の電柱に「池田内閣を打倒し、安保条約反対の民主連合政府をうちたてよう」などと書かれたステッカーを貼った行為が条例違反で起訴された。

意見書は、広告の自由も一律に論ずるべきではなく、内容が公益に関する政治的意見か、私益に関する非政治的事項(商業広告)かで自由の保障の程度を区別するべきだ、との前提に立つ。条例自体は合憲としながらも「政治的意見の表明は、条例の形式的な適用で表現の自由の意義・機能を不当に軽視する結果を招かないよう慎重に解釈することが望まれる」と結論づけた。

治安維持法による思想弾圧の暗い谷間の時代を知る芦部。表現の自由を最大限重んじる姿勢はその後、有数の規模の憲法裁判でも本領が発揮されることになる。

教科書裁判

高校用の日本史教科書原稿を執筆した東京教育大教授、家永三郎(一九一三〜二〇〇二年)は一九六三、六四年の検定で文部省(現文部科学省)側から次のような意見を付けられていた。

大部分の国民は、真相を知ることもできず、無謀な戦争に熱心に協力するほかない状態に置かれた←「無謀な」の削除を。

「再軍備に反対する人々」と題した写真(「平和憲法守れ」のプラカードを掲げたデモ行進)↑差し替えを……。

原稿は不合格や条件つき合格になった。家永は、教科書検定が「思想審査」になっているとの危機感を強めた。表現の自由や教育の自由を侵害して違憲、違法として国に損害賠償を求める訴えを起こしたのは翌一九六五年。第三次訴訟の終結まで実に三二年間に及ぶ家永教科書裁判の始まりである。

三人だった代理人弁護士は三〇〇人余の弁護団に膨れ上がり、全国に支援組織ができた。証人は原告、被告合わせて延べ二〇〇人を数える大規模訴訟に発展した。

第二次訴訟の一審では、思想(学問研究の成果)内容に及ぶ検定は表現の自由や学問の自由を侵害し、憲法の禁じる検閲に当たるとの画期的な判決(杉本判決)が出た。だが、最終的には一次、二次とも家永の敗訴に終わった。

沖縄戦や南京大虐殺などの記述を巡る第三次訴訟。一審で一部勝訴に終わった弁護団は、憲法論で決め手になる証人を探した。それが違憲審査研究の第一人者、芦部信喜である。

芦部も中学社会科「公民」や高校「政治・経済」「現代社会」の教科書の憲法に関する部分を執筆。検定では細かい意見を付けられていた。

その一端を『法学教室』で明かしている(「「あの戦争」を思う」一九八八年一一月号)。

自衛隊について「アジアの諸国では有数の規模の軍事力」の記述は、そうは言い難いから「無難の表現に」。安保改定に関して「激しい反対を押し切って」から「「激しい」は削るように」。

憲法九条の意義について「戦争をなくさない限り人類を破滅から救うことはできない段階にたちいたっており」は、「「戦争」の前に「通常の戦争が核戦争につながるおそれもあるから」という趣旨の言葉を補って」。文部省側の指摘は戦争を限定したかったとみられる。

芦部は嘆いた。

これが果たして、憲法前文の「国際社会において、名誉ある地位を占めたい」という誓いと願いに副《そ》うゆえんかどうか……。

教科書裁判弁護団の要請に、芦部は法廷証言に立つことを快諾した。

裁判所の使命は

家永教科書裁判弁護団の大森典子は東大の学生時代、教授芦部の講義を受けた。強烈な印象として残っている場面がある。

自衛隊演習場の爆音による乳牛の被害にたまりかねた酪農家の兄弟が、隊の通信線を切断した恵庭事件が一九六二年に起きて間もないころだった。自衛隊の違憲性を初めて問う裁判に発展した事件の概要を、ふだんは淡々と話す芦部が興奮気味に説明した。

大森は「戦争につながるものに対する警戒感がリアルに伝わってきた。先生の戦争体験を思った」と述懐する。

その大森が、芦部を教科書裁判の証人として尋問したのは三〇年後の一九九二年四月。先述の第三次訴訟の控訴審でのことだ。芦部は東大を定年退官し、学習院大の教授になっていた。弁護団には、芦部が確立した憲法訴訟論を裁判官に理解してもらい、教科書検定の制度や運用の違憲性を引き出す狙いがあった。

傍聴席が満席になった東京高裁の法廷。尋問は約一時間に及んだ。やりとりは『家永・教科書裁判　第三次訴訟　高裁編　第六巻』などに収められている。

大森は、芦部自身が受けた教科書検定の体験を尋ねた後、違憲審査の方法と一審判決の問題点に迫っていった。

芦部が違憲審査で重要と指摘したのは二点ある。

まず、違憲性が争われている法・制度の合理性を支える社会的・経済的・文化的事実である「立法事実」を詳しく検討することだ。

一審判決は、検定不合格になった原稿でも一般図書として出版できることなどを理由に、検定が憲法の禁じる検閲に当たらないとした。これに対し「〔一般図書としての出版は〕事実としては通常ほとんどあり得ないこと。それを決め手とする理論構成には疑問を感じる」と述べた。

二つ目は、同じ自由権でも表現の自由のような「精神的自由」は民主政治の過程に不可欠の権利だから、それを規制する法の合憲性は、「経済的自由」の規制に適用される基準より厳格な基準で審査することだ。「二重の基準」と呼ばれる。これも「一審は形式的な論理で検閲の当否を判断している」と批判した。

最後に、裁判所への要望を大森に問われた芦部はこう締めくくった。

裁判所の使命は国民の権利・自由を保障すること。憲法保障機能の活性化に寄せる国民の期待に応える裁判を望む——。

その後、高裁も最高裁も個々の検定の一部に国の「裁量権の乱用」を認める判決を出した。だが、検定の制度や運用の本格的な違憲審査をすることはなかった。芦部が求めた「憲法保障機能の活性化」に疑問を残した。

東大ポポロ劇団事件

二〇一四年一一月、京都大吉田キャンパス。デモで学生が逮捕されたことに抗議する屋外集会が開かれていた。そこに私服警官が交じっているのを学生たちが見つけ、取り押さえる。連絡を受けた京都府警が周辺に機動隊員約一〇〇人を待機させる騒ぎになった。

警官が学内に入るときは事前通告する取り決めがあったが、守られなかった。山極寿一《じゅいち》学長は「無断の調査活動は遺憾」と述べた。

公安警察がこっそり大学に入り込み、思想や動向の調査を進める。憲法が保障する学問の自

東大ポポロ劇団事件で判決を言い渡した最高裁大法廷，1963年5月(写真提供：共同通信社).

由や大学の自治を脅かしかねない活動が近年でも続いていることが明るみに出た。六〇年以上前に起きた事件をほうふつさせた。

東大ポポロ劇団事件は、まだ助手だった芦部の足元で起きた。

一九五二年二月。東大の教室で大学公認団体「劇団ポポロ」が演劇の発表会を大学の許可を得て開いた。テーマは労働運動弾圧との見方が強い冤罪《えんざい》事件「松川事件」だった。

その場に警視庁の私服警官が紛れ込んでいるのを学生たちが発見、三人を捕まえた。取り上げた警察手帳から活動の実態が判明。少なくとも一九五〇年七月以降、複数の私服警官が連日のように大学構内に立ち入り、張り込み、尾行、盗聴などで学生や教職員、学内団体の情報を集めていた。

演劇発表会でのもみ合いの際、警官の洋服のボタンを引きちぎったなどとして学生二人が暴力行為等処罰法違反で起訴された。学問の自由と警察権の関係を初めて問う裁判が展開される。

一審の東京地裁。学生、教員を対象に長期間警察活動を続けることは学問の自由に対する憲法上の要請を看過して違法、と判断。学生の行為は大学の自治を守るための正当行為として無罪判決を言い渡した。二審も支持した。

これを最高裁が破棄し、地裁に差し戻す。発表会が学問的な研究と発表ではなく、実社会の政治的社会的活動であり、警察の活動は学問の自由と自治を侵さない。「学問」の範囲を狭くとらえた判断だった。

この判決時の一九六三年、教授になっていた芦部は『世界』で痛烈に批判する（「大学の自治と警察権」同年七月号）。「〔戦前に思想を取り締まった〕特高警察的な警備活動を不問に付している」「〔集会を〕直ちに非学問的活動だと割り切り、警官の無断な立ち入りを是認するのは、……大学自治の侵犯をもたらす危険なしとしない」

差し戻し審はいずれもこの最高裁判決に追随し、事件発生から二一年後の一九七三年に当時の学生の執行猶予つき有罪が確定する。

芦部は前出の『世界』論考の最後に、大学自治の確立を呼び掛けた。

「大学とくに学生はみずからの力で学園の自主的秩序を確立すべく最高の英知をもって行動

すべきだろう」

プライバシーの権利

ポイントカードの個人情報が、裁判所の令状もなしに捜査機関に提供される。こんな実態が二〇一九年に入って相次いで明らかになった。カードの運営会社が会員規約に当局への情報提供について明記せず、会員の承諾を得ていないケースもあった。当局の意のままに個人情報が把握されてしまう危うさが浮き彫りになっている。

これに通ずる問題は約二〇年前にも起きており、最高裁の判断が出ている。早稲田大学名簿提出事件である。

大学は一九九八年一一月、来日した江沢民・中国国家主席(当時)の講演会を大隈講堂で開いた。その際、警視庁から警備のために必要と要請され、参加者名簿の写しを提供した。名簿は事前に各学部事務所などに置かれ、参加希望の学生たちが住所、氏名、電話番号、学籍番号を記入していた。警察への提供に学生たちの承諾を得ていない。

講演会では一部の学生が「中国の核軍拡反対」と叫ぶなどして現行犯逮捕された。その学生らが名簿の提供によってプライバシーが侵害されたとして大学に損害賠償を求めて提訴した。

最高裁はこんな判断を示している。

学生らに無断で個人情報を警察に開示した大学の行為は、学生らが任意に提供したプライバシーの情報が適切に管理されるという合理的な期待を裏切るものだ。学生らのプライバシーを侵害する不法行為を構成する。

この判決の趣旨が今日生かされているのか、近年のカード情報の提供は疑問を感じさせる。芦部は一九九一年、『法学教室』でプライバシーについて詳しく解説している(「広義のプライバシー権 (一)～(四)」同年六、八～一〇月号)。

それによると、日本でプライバシーが憲法上の権利として初めて認められたのは一九六九年、京都府学連事件の最高裁判決である。デモ隊の先頭集団を当事者の意思に反して警察官が写真撮影したことが問題になった。

憲法一三条は「すべて国民は、個人として尊重される」などと定める。判決は「これは、国民の私生活上の自由が、警察権などの国家権力の行使に対しても保護されるべきことを規定している」と示した。

芦部はプライバシー権の発展を見通していた。一九九二年の福岡県久留米市での講演(「情報化社会における憲法問題」『宗教・人権・憲法学』所収)で、次のような趣旨のことを述べている。

データが蓄積される社会が出現し、個人情報が乱用される恐れが大きくなると、「守り」としての権利の構成ではプライバシーを守ることが困難になる。個人情報をいつ、どのように、どの程度まで伝達するかを自ら決定する。そういう積極的な面を併有する権利として構成する必要がある――。

高度情報化社会の現代のプライバシー保護に警鐘を鳴らしている。

社会保障闘争のシンボル「堀木訴訟」

憲法は一四条で法の下の平等を、二五条で「健康で文化的な最低限度の生活を営む権利」(生存権)と福祉向上の国の責務を定めている。この両方が争われたのが「堀木訴訟」である。

神戸市のマッサージ師堀木文子は全盲で、障害福祉年金を受けながら二人の子どもをひとりで育てていた。一九七〇年、児童扶養手当を兵庫県に申請したが却下される。手当法が「母が公的年金を受けている場合、その子に児童扶養手当を支給しない」という併給禁止規定を設けていたためだ。

障害のない母のひとり親家庭や、父が障害者の家庭には手当が支給される。不平等との思いを抱いた堀木は、申請却下の取り消しを求め神戸地裁に提訴した。

堀木訴訟は、生活保護費の支給基準を争った一九六〇年代の「朝日訴訟」と並び、社会保障闘争のシンボルとなった。

弁護団の中心メンバーだった新井章《あきら》は、朝日訴訟のほか自衛隊の違憲性を問う恵庭事件など数多くの憲法裁判に関わってきた。当時、芦部が米国留学を経て確立した憲法訴訟論の論文をむさぼるように読みあさり、芦部の研究室にも足を運んで学んだ。

それに基づいて堀木訴訟では「厳格な合理性の基準」の適用を裁判所に求めた。平等原則が争われる場合、法の目的とそれを達成する手段との間に実質的な関連があるかを具体的事実によって判断すべきだという考え方である。

地裁はこれに応えた。視覚障害者世帯や母子世帯の生活実態に目をとめ、手当法の差別的扱いは合理性を欠き、憲法に違反して無効との判決を出した。

違憲判決が確定するのを嫌った国の指示で県はやむなく控訴。大阪高裁は一審判決を破棄する。憲法二五条の国の責務は広く立法府の裁量に委ねられ、諸施策と生活保護制度に照らして差別は憲法に違反しない、との理由だ。「厳格な合理性の基準」は顧みられなかった。

芦部は憤った。「生存権規定を観念的に解釈し重度身障者の生活実態に眼をおおった立論」であると(「法は事実から生ずる」『法学セミナー』一九七六年六月号)

だが、最高裁も高裁判決を支持し、上告を棄却。一二年に及ぶ裁判は堀木の敗訴が確定する。ただ、一審の違憲判決を受けて県は条例で実質的に併給ができるようにし、国も手当法改正に動いた。堀木を支えた運動はその後の障害者立法につながった。

弁護士の新井は芦部の功績をこう振り返る。

「人権裁判に関する芦部さんの著作は質量ともに群を抜いている。それは人権理論を一日も早く確立し、戦後日本の健全な発展に寄与したいという熱意の表れだった」

第4章

国家と宗教

靖国神社の第一鳥居(大鳥居)，東京・九段北.

宗教を国家から切り離す。「政教分離の原則」は、明治憲法下で神道が国から特権を受ける「国教」として扱われ、国家主義や軍国主義の精神的な支柱になったり、他の宗教が弾圧されたりした反省から現憲法に盛られた。

だが、九条の戦力不保持と同様、その解釈は時の政権の都合で緩められてきた歴史を持つ。二〇条が国とその機関の宗教的活動を禁じているにもかかわらず、閣僚が靖国神社に参拝するのが、その典型である。天皇代替わりに伴う儀式を巡っても国と神道との距離が問われた。

先の大戦を経験し、平和と人権を守るために憲法の基本原則を固く守ることが重要と説いた芦部信喜。靖国問題を中心にその軌跡を追い、現代の課題を考える。

閣僚の靖国神社公式参拝

二〇一三年一二月二六日午前一一時半。東京・九段北の靖国神社に正装のモーニングを着た首相安倍晋三の姿があった。多数の警察官や警備員が配置され物々しい雰囲気の中を本殿に昇殿し、約一五分間参拝。記者団に「英霊に手を合わせた」と話した。

官房長官の菅義偉《よしひで》は「私人の立場で参拝した。政府として立ち入ることはない」と説明したが、記帳も献花の札も「内閣総理大臣　安倍晋三」と記されていた。

靖国神社には太平洋戦争などで戦死した日本軍の軍人や軍属らが祭られているほか、極東国際軍事裁判(東京裁判)で起訴された戦争指導者「A級戦犯」も合祀《ごうし》されている。日本に侵略された中国や植民地支配を受けた韓国は首相の参拝に強く反発。米政府も近隣諸国との緊張を悪化させるとして「失望」を表明した。

国内でも、憲法が定める政教分離違反を理由に大阪や東京で市民団体が集団提訴した。

大きな波紋を広げる「内閣総理大臣」の靖国参拝。その歴史は、この三〇年近く前、一九八五年にさかのぼる。当時の首相中曽根康弘(一九一八〜二〇一九年一一月)が終戦記念日に戦後の首相として初めて公式参拝した。

自民党の有力支持組織である日本遺族会などにより、靖国神社の国家護持、首相の公式参拝を求める運動が盛り上がりを見せていた一九八二年一一月、中曽根内閣は発足した。中曽根の政治目標「戦後政治の総決算」と運動は符合した。

一九八四年、中曽根は閣僚の参拝のあり方を検討する政府初の第三者組織を立ち上げる。その真意を確かめるため中曽根事務所に取材を申し込んだが「本人はもう一〇一歳。取材は全てお断りしている」との回答だった。

一九九六年発行の中曽根の回顧録『天地有情』にはこう書かれている。

「占領政策は終わったのだから、総理大臣はどんな理屈をつけてでも公式参拝をしなければならない」

「遺族会が「靖国神社に公式参拝しろ」と盛んにいってきて、青年部が靖国神社で断食をはじめたんですよ。……結局、法制局長を呼んで、官房長官にも話をして、公式参拝をすることにして、閣僚の靖国神社参拝問題に関する懇談会……という私的諮問機関をつくったわけです」

懇談会は初めから結論を背負って生まれたことになる。

憲法学、宗教学、哲学など各界を代表する識者一五人が集められた。宗教法人審議会委員を務めていた芦部は、文化庁を通じて「靖国懇」への参加依頼を受け、迷った末に引き受ける。その時の心境を、憲法学者奥平康弘との対談でこう語っている(「靖国問題と憲法」『法律時報』一九八六年一月号)。

「仮に報告書をまとめるような情勢になっても、そのまとめ方について私の意見も容《い》れられる可能性はあると考えました。このような重要な憲法問題を含むむずかしい大問題について、意見を一本化するような報告書にはおそらくならないのではないかと思ったからです」

その期待は打ち砕かれる。

靖国懇議事はブラックボックスに

中曽根が一九八五年八月一五日、戦後の首相として初めて靖国神社を公式参拝する根拠になった「閣僚の靖国神社参拝問題に関する懇談会」（靖国懇）の報告書。官房長官の私的諮問機関である懇談会に、先述のように憲法学の芦部ら識者一五人が参加した。

初会合は首相参拝の約一年前、一九八四年八月三日に首相官邸で開かれた。最初にあいさつに立った官房長官の藤波孝生《たかお》は「近年、閣僚による靖国神社公式参拝の憲法上の可否などを巡り議論が絶えない。国民の意識に深く関わる問題でもあり幅広く検討してほしい」と要請した。

藤波はこの場ではニュートラルな立場を示したが、中曽根は既に公式参拝すると藤波に話していた（『天地有情』）。

「靖国懇」の委員

芦部信喜	（学習院大教授）
梅原　猛	（京都市立芸術大学長）
江藤　淳	（東京工業大教授）
小口偉一	（東京大名誉教授）
小嶋和司	（東北大教授）
佐藤　功	（上智大教授）
末次一郎	（青少年問題審議会委員）
鈴木治雄	（昭和電工会長）
曽野綾子	（作家）
田上穣治	（亜細亜大教授）
知野虎雄	（元会計検査院長）
中村　元	（東京大名誉教授）
林　敬三	（日本赤十字社社長）＝座長
林　修三	（元内閣法制局長官）＝座長代理
横井大三	（元最高裁判事）

※肩書は当時，敬称略.

閣僚の靖国神社参拝問題に関する懇談会の初会合，1984 年 8 月 3 日，首相官邸(写真提供：共同通信社).

中曽根が公式参拝した後の一九八五年一一月、衆院外務委員会。社会党の小林進が「二一回重ねられた審議の内容を国民の前に公開して、国民の納得を得るような手段方法をとられるか」と政府に迫った。懇談会事務局を務めた内閣官房内閣審議室長の的場順三は懇談会の申し合わせを盾に、議事内容の公表を拒んでいる。

以来、議事録は長年、公開されなかった。それどころか作成自体が不明だった。

懇談会終了から二〇年余が過ぎた二〇〇六年、国立国会図書館は『新編　靖国神社問題資料集』の編さんに着手していた。この時、靖国懇の関係資料を探した専門調査員の春山明哲。その「解題」(解説)によると、内閣官房に照会したが「存在は確認できていない」との回答だった。藤波、中曽根が保管していた資料の中にもなく、「〔議事録は〕たぶん作られなかったのだと思います」と学術講演会で語っている。

二〇一九年二月。この連載を書くに当たって、筆者は情報公開法に基づき内閣官房に議事録を開示請求した。二カ月後に出た結果は意外だった。

議事録は存在した。決定は全面開示。三五年ぶりに議事がよみがえる。

ただ、見つかったのは二一回開かれた会合のうち第二回から第一二回分まで。残りは「不存在」。奇妙である。

同年五月二三日、参議院総務委員会。この報道を杉尾秀哉〈立憲民主党〉が取り上げた。内閣官房内閣参事官の杉山徳明は、ずさんな管理実態をこう明かした。

古い行政文書や文房具などの備品が保存されている書庫内の棚の上に平積みの状態で発見された――。

大事な議論の後半部分がそっくりないのは極めて不自然。ない理由は何なのか。杉尾の追及に杉山は答えた。

「確認できる資料がなく、廃棄したか否かを含め不明でございます」

地鎮祭と靖国参拝――「政教分離原則」早速議論に

情報公開請求で内閣官房が二〇一九年四月に開示した靖国懇議事録〈第二〜一二回〉をたどる。

第三回(一九八四年一〇月二二日)までは、政府側が配った多くの資料の説明と委員一五人の質疑が中心になっている。その中に早速、議論の対象になった資料がある。

憲法の政教分離原則が問われた三重県津市地鎮祭《じちんさい》訴訟の最高裁判決である。

一九六五年一月。津市が市体育館の起工式を神式で挙行し、神職への謝礼や供物料計七六〇〇円余を公金から支出した。

憲法は二〇条で「国(地方自治体を含むと解される)及びその機関」の宗教的活動を、八九条で宗教上の組織などへの公金支出をそれぞれ禁じ、政教分離を徹底させている。このため津市議が憲法違反だとして住民訴訟を起こした。

一審の津地裁は、地鎮祭が宗教的行事というより「習俗的行事」だとして、合憲と判断した。学者らからも意見を聴いた二審名古屋高裁は「特定宗教による宗教上の儀式」として、違憲性を認める正反対の判決を出した。

靖国懇が始まる七年前の一九七七年七月。最高裁大法廷は違憲性を否定する判決を出した。この判決で打ち出されたのが「目的効果基準」という考え方で、その後の同種裁判に大きな影響を与える。大意は次の通り。

憲法が禁じるのは、「国及びその機関」が宗教と関わり合いを持つ全ての行為ではない(限定分離)。その「目的」が宗教的意義を持ち、その「効果」が宗教に対する援助、助長、促進、圧迫、干渉になる行為である。地鎮祭は「目的」「効果」ともこれに該当しないから憲法が禁じる宗教的活動ではない。

ただし、一五人の裁判官のうち裁判長を含む五人が「完全分離」を主張し、反対意見を述べた。

靖国懇の第二回(一九八四年九月一七日)で地鎮祭訴訟について口火を切ったのは憲法学の小嶋《こじま》和司《かずし》(当時、東北大教授)で、この判決の趣旨を参考にすることを提案。これに地鎮祭訴訟二審で鑑定意見も述べている憲法学者、佐藤功(当時、上智大教授)が反論する。「地鎮祭と戦没者の慰霊、特に靖国神社に対する参拝という問題は違う」

第四回(同年一一月一九日)。元最高裁判事の横井大三《だいぞう》が靖国参拝の矛盾を突く。

「閣僚が靖国神社に参拝するのは英霊への感謝、慰霊と言われる。……〔合祀された〕A級戦犯つまり平和に対する罪を犯した人たちと、戦場に消えた若い学徒を同じ所にお祀《まつ》りして、一体何を感謝し、どうやって慰めるのか」

さらに目的効果基準に触れ「A級戦犯までお祀りしている神社に総理や閣僚が多数、神職の先導で特別にお参りする。これは一般に与える効果、影響の点でも相当問題。政教分離と言うより政教をくっつける」

そして憲法学の芦部。「地鎮祭が合憲ならすぐ靖国参拝が合憲になるかと言うと、ならないのではないか」

佐藤、横井、芦部の意見は最終的に軽視される。

「結論」に向けた誘導

靖国懇の議論を方向付けるきっかけになったのは一九八五年二月一二日の第七回会合である。内閣官房が開示した議事録(本書巻末に全文掲載)で流れを追ってみる。

当時の各界を代表する有識者一五人による懇談会は、中曽根内閣が多用した「私的諮問機関」。これらが強引に結論を一本化していると国会で問題になっていた。懇談会第七回会合の前半で委員の鈴木治雄(昭和電工会長)が、そのことに触れ、次のように政府側に尋ねる。

こういう非常に難しい問題について統一見解は出ないんじゃないか。無理にやるようなことにはならないし、そういうふうにしない方がいいと思う。懇談会の性格を一応承知したい。

国会対応で欠席した官房長官、藤波孝生に代わって副長官の藤森昭一が答える。

「この懇談会において一つの結論を多数決等の方法によって出していただくということが必ずしも期待されているわけじゃなしに、それぞれの先生方の御意見がどういうものかということにより多くのウェイトがかかっている」

藤森の説明とは異なり、「結論」に向けた政府側の誘導が始まっていく。

議論の進め方について委員の芦部は第四回会合で、戦没者を追悼供養することは誰しも異論はないとした上で、こう主張していた。

この懇談会では(閣僚の)公式参拝が憲法上許されるかという点に重点を置いて検討すべきで

はないか――。

だが、第七回で政府側が提示した「論点(仮案)」は違った。

大きく六項目あり、その一番目に「公的立場にある者の戦没者の慰霊・追悼について」が据えられ、枝番で「慰霊・追悼の必要性をどう考えるか」と記されている。「異論はない」はずの議論をあえて行ない、それを理由に公式参拝に結び付けようとする政府側の意図が垣間見える。

芦部が求めた憲法問題は二番目になり、「閣僚の靖国神社参拝は憲法上の宗教的活動か」に限定された。五番目には「閣僚の靖国神社参拝はいかにあるべきか」という参拝を前提にした項目も登場する。

芦部は、けん制するように重ねてこう述べる。

「諮問された事項が憲法問題ですから、戦没者の慰霊という、ほとんどだれしも否定しない国民感情、これはもとより十分考慮に入れて考えなければなりませんけれども、しかしそれと切り離して憲法の定める政教分離の原則の規範的な要求というものを確かめ、その趣旨を明らかにすることが極めて重要だと私は考えます」

同じ憲法学者の佐藤功も第九回(一九八五年三月六日)で一番目の項目への違和感を口にする。

「何か結論が最初に出てきてしまっているような感じがするんです」

論点案は第三次案まで修正が重ねられるが、一番目の項目が変わることはなかった。

展開された違憲論

靖国懇の開示議事録を読み進めると、保守論者とみられている作家曽野綾子が閣僚の公式参拝を「違憲」と主張しているのが目を引く。

芦部ら当時の各界を代表する識者一五人が参加した靖国懇だが、現在も健在なのは曽野だけである。

内閣官房への情報公開請求で議事録の前半部分が二〇一九年四月、開示されたことを伝える信濃毎日新聞を送り、靖国懇の様子についてインタビューを申し込んだ。曽野は「大切なことなので簡単に答えられない」と話し、取材はかなわなかった。

曽野が違憲論を展開したのは、一九八五年二月一二日、首相官邸で開かれた第七回会合である。自由討論の場面でB５判三枚のメモを配り、説明している。

「私は……全く法律的知識を持たない一人のおかみさんでございます。それからまた一キリスト者でございますが、そのような一市民の立場から感想を申し上げたい」と前置きし、論じ始める。以下はその要約である。

靖国神社が昭和二七(一九五二)年に宗教法人として自ら申請を行なったことについて責任を取るべきである。神道による神社の形式を取っているのだから宗教を持たない所だとは言えない。つまり、明らかに特定の宗教を持つ神社であると言わなければならない。靖国神社に限り宗教色はなく、ただ伝統行事を行なう、慰霊を行なう場所だということは無理のように思う。したがって、靖国神社に総理ならびに閣僚が公的参拝を行なわれるということは違憲と考える――。

憲法二〇条三項に国とその機関の宗教的活動を禁じる政教分離原則があるのを念頭に置いているのは明らかだ。

曽野は最後に、かねがね考えていたこととして、次のように提案する。

「全く宗教と関係のない記念廟《びょう》の設立というのが可能であると思います。……そのときに、はっきりと総理並びに閣僚、あるいは公務員の公式参拝というのを実現なされるようにと思っております」

次に意見表明した芦部。「私も二年間兵役に服して、多数の友人知己を失いましたので、靖国に対する念は人後に落ちないつもり」としながらも「それと政教分離の原則とは区別しなければならない」と、公式参拝違憲論を展開する。

その上で曽野に賛意を示す。「もし国の行事としての戦没者慰霊と閣僚の公的参拝を検討するとすれば、先ほど曽野さんもお触れになりました、現状を改める何らかの新しい方法によらなければならない」

こうした新たな追悼施設の提案は、靖国懇の最終報告で「大方の国民感情や遺族の心情において靖国神社の存在意義が置き換えられるものではないし、……我々に課せられた要請に必ずしも直接関係する問題ではない」と片付けられてしまう。

それから三〇年余たった。この間の二〇〇二年には福田康夫官房長官（当時）の私的懇談会も「国立の無宗教の恒久的施設が必要」と提言したが、いまだに実現していない。

議事録なき激論

戦後初の首相公式参拝につながる靖国懇の議事録は、一九八五年四月二二日の第一二回会合までしか存在が確認されていない。

このため、第一三回以降の議事内容は「佐藤功旧蔵資料」や芦部ら委員の著作をたどるほかない。

佐藤功旧蔵資料とは、委員だった憲法学者の佐藤が会合で配られた資料を整理、保管していたものである。靖国懇終了から二二年後の二〇〇七年に国立国会図書館が先述の『新編　靖国神社問題資料集』を刊行するに当たって、何人もの関係者に照会。佐藤が二〇〇六年に亡くなる前、弟子の上智大教授矢島基美《もとみ》に託した大量の蔵書・資料の中から見つかった。

矢島は佐藤から「これは大事」と、ひもで縛った靖国懇関係の資料を渡された記憶がある。

その資料群の中の「議事概要」。各会合での発言を事務局の内閣官房が要約、発言者の名前は伏せている。発言をそのまま記録した議事録と違い、要約には政府側の意図が入り込む余地があることに注意しなければならない。

読み進めると、第一五回会合(一九八五年六月二五日)の冒頭、米国判例を交えながら憲法二〇条三項(政教分離の原則)の解釈論を展開している委員がいる。弟子らの見立てや著作での主張に照らして、明らかに芦部である。

日本の最高裁も採用した米国判例の「目的効果基準」では、国家が宗教に関与する場合、その目的、効果、過度の関わり合いの三点で判断し、その一点でも違反すれば違憲とする。

芦部は、靖国神社公式参拝が特に「過度の関わり合い」で違反する可能性が高いと主張。その理由として、靖国神社は過去、国家神道の象徴的存在であり、現在も神道の象徴的存在であること、公式参拝は政治的対立を引き起こす可能性が大きいこと、これら二点を挙げている。

これに対し、発言者名は分からないが、「神道の象徴というのは法律論ではなく文化論ではないか。また、政治的対立が激しければネガティブ〔否定的〕にしか法律判断をしえないのか」と疑問が呈される。

このほか「〔公式参拝は〕公に対して禁止される宗教的活動には入らない」「違憲の疑いを覆せない以上、政府は遺族の心情をくみ取る他の方策を考えるべきだ」といった賛否両論が渦巻く。

こうした憲法論の意見対立は第一七回(同七月一八日)も続く。にもかかわらず、この回の最後に告げられた次回の予定に芦部は驚く。

「座長代理と事務局で報告書の第一次草案を作ってもらう」

中曽根が公式参拝を目指す終戦の日が約一カ月後に迫っていた。

公式参拝促す「結論」

「首相、靖国公式参拝固める」。こんな見出しの一面トップ記事が読売新聞に載ったのは一九八五年七月二六日だった。

記事は、その第一の理由としてこう書いている。「昨年八月に発足して以来論議を重ねてきた「靖国懇談会」の大勢が、「公式参拝は合憲」との方向に固まってきたためだ」

靖国懇は、記事の直近では七月一八日に第一七回会合が開かれている。この会合では、公式参拝が憲法の政教分離原則に反するかどうか激論が続いており、賛否は分かれたままだった（「議事概要」による）。

だが、次の第一八回会合（七月三一日）に事務局の政府側が提出した報告書（第一次案）は、まるで報道をなぞったかのようだった。

「政府においては……大方の国民感情や遺族の心情を酌み、何らかの形で内閣総理大臣その他の国務大臣の靖国神社への公式参拝を実施すべきであると考える」

一つの結論を出してもらうことが期待されているわけではない（第七回会合での藤森昭一官房副長官）、という政府側答弁とは裏腹に「結論」が唐突に書かれている。

意見が対立していた政教分離問題では、津市地鎮祭訴訟の最高裁判決を引き合いに出し、「政教分離原則に抵触しない何らかの方式による公式参拝の途《みち》があり得るものと考える」。

委員の芦部、佐藤功らが主張した違憲論は、「配慮すべき事項」として三行にとどめられた。

このころになると、首相中曽根が公式参拝を目指す終戦の日(八月一五日)に向け、数日おきに会合が開かれるようになり、第一八回会合分から議事概要も配られなくなる。

芦部が『ジュリスト』に書き残した「靖国懇と私の立場」(一九八五年一一月一〇日号)によると、この会合で芦部は報告書案への反対意見をこう述べた。

・合憲・違憲の両論が大きく分かれたのに、それを併記する形式をとらず、実質的に従来の政府統一見解〔公式参拝は違憲の疑いを否定できない〕を変更するような意見を出すのは当を欠く。

・閣僚が公的資格で宗教施設の靖国神社に参拝すること自体に政教分離原則の根幹に関わる重大な問題があり、合憲と断定するのは正常な憲法解釈の限界を超える。

三日後の第一九回会合(八月三日)に向け、芦部は「両論併記」の修正案を提出する。だが、この会合で配られた報告書第二次案は、違憲論の分量が増えたものの、閣僚の公式参拝を促す結論は変わらなかった。

二〇〇六年に佐藤功の遺品から見つかった靖国懇関係資料。第二次案のプリントには佐藤が会議中に記したとみられる書き込みがある。

「歯止メハアルカ―政教分リ原則ノイミガナイ」

戦没者の願いを胸に

芦部は靖国懇最終盤で、学問的良心を貫くため委員の辞任を考える。公式参拝を容認する結論が報告書第二次案でも変わらず、国家と宗教との関わり合いに対する憲法上の歯止め(政教分離原則)を崩壊させる糸口になる、との意見も広がらなかったからだ。だが、踏みとどまって報告書に名を連ねる選択をする。その時の心境を前出の「靖国懇と私の立場」にこうつづっている。

「違憲論を文書にとどめ今後の国民的な論議の一つの参考に供すること……第三次案に向けてできる限りの努力をすることのほうが、より重要ではないか」

その結果、第三次案は委員の意見が分かれたことがより強調された、合憲と違憲の両論併記的な性格が一定程度反映された形になった。ただ、「政府は、……内閣総理大臣その他の国務大臣の靖国神社への公式参拝を実施する方途を検討すべきである」との結論はそのままだった。内閣法制局第一部参事官として懇談会を担当した元法制局長官、阪田雅裕は公式参拝の是非は「賛成八に対し反対七」だったと回顧している(『「法の番人」内閣法制局の矜持《きょうじ》』)。

ただ、芦部によると、両論併記案を最後まで支持したのは「元最高裁裁判官の委員〔横井大三〕一人だけで、〔他の〕憲法学者の委員からの発言は全くなかった」。芦部は『ジュリスト』への寄稿を単行本に収録する際、このように書き添えている(『宗教・人権・憲法学』所収)。

そうだとすれば不可解なのは、芦部と同様、公式参拝違憲論を展開してきた佐藤功が支持しなかったことである。

佐藤は、東京大で同じく宮沢俊義を師とした芦部の兄弟子。先の大戦で出征し、多くの友を亡くした体験も芦部と共通する。

それだけに芦部の落胆は大きかったようだ。芦部の弟子たちや親しかった憲法学者がその嘆きを聞いている。

佐藤が過去、内閣法制局参事官や政府の各種審議会の委員を務めたことなどから臆測《おくそく》も呼んだが、弟子の上智大教授、矢島基美は「政府側から言われてなびくような人ではない」と断言する。

結局、芦部らの違憲論は「付記」にとどまり、政府に公式参拝を促す結論は覆らなかった。一年にわたった議論の報告書は一九八五年八月九日、官房長官の藤波孝生に提出される。

政府は「違憲の疑いを否定できない」としてきた公式参拝の統一見解を、懇談会報告書を基に「方式によって憲法が禁止する宗教的活動に該当しない」と変更。中曽根は終戦記念日の八月一五日、戦後の首相として初めて靖国神社を公式参拝する。

芦部はこの日付の朝日新聞のインタビューにこう答えている。

「私は閣僚の公式参拝を望む多数の遺族の心情は十分に理解できるけれども、一方で二度と戦争を繰り返さないように、という戦没者の声なき願いを将来に生かし、平和と人権が守られる社会を築いていくためには、憲法の基本原則を固く守ることがどんなに重要であり、必要であるか、この点も決して忘れてはならないことと考える」

芦部の心に亡き友らの声が響いていたのだろう。

自衛官合祀拒否訴訟

二〇一九年六月一日、山口市の山口県政資料館。自衛官合祀拒否訴訟で原告の逆転敗訴とする最高裁大法廷判決に抗議する集会が開かれ、支援者ら約五〇人が集まった。三一年前の六月一日の判決以来、集会は続いている。

天皇代替わりの後だっただけに、神道色のある皇位継承儀式「大嘗祭《だいじょうさい》」への公費支出差し止め訴訟を起こしている大学教授、佐野通夫が合祀訴訟と共通する憲法の政教分離原則などについて講演。集会の主催者は、施設に入所している合祀訴訟の原告、中谷《なかや》康子が四月の面会時にこう話したと紹介した。

「集まらなあかん。声に出さなあかん」

自衛隊員だった中谷の夫、孝文は一九六八年一月、公務中の交通事故で亡くなった。キリスト教徒の康子は夫の遺骨を教会の納骨堂に納め、追悼していた。

その四年後、自衛隊山口地方連絡部(地連。現自衛隊山口地方協力本部)は孝文を含む山口県出身の殉職自衛官二七人を、国家のために殉難した人の霊を祭る県護国神社に合祀すると通知。康子は自らの信仰を示して拒否した。それにもかかわらず自衛隊のOB組織である社団法人隊友会山口県支部連合会(県隊友会)名義の申請で合祀された。

その後、康子は再三合祀取り消しを求めたがかなわず、翌年、国に損害賠償などを求めて提訴した。隊友会が地連と共同して合祀を申請したのは、憲法が国とその機関の宗教的活動を禁じた政教分離原則に反し、自分の信教の自由や人格権が侵害された、との主張である。

訴えを起こす前後から、康子の元には「非国民」「国賊」などと、ののしる電話や脅迫状が続いた。

一審山口地裁は康子の主張をほぼ認める判決を言い渡した。合祀申請は隊友会と地連の共同行為で、宗教的活動に該当するとして憲法違反と指摘。さらに「自らの信仰に従い、静謐《せいひつ》な宗教的環境の下で亡夫を追慕する宗教上の人格権を侵害された」とする画期的な判断を示した。

控訴審に向けて、原告弁護団は主張を補強する必要があった。

問題の一つが、合祀の申請に自衛隊地連は補助的に労力を提供しただけで、手続きをしたのは民間団体の隊友会だから、政教分離違反にならないと国側が反論していた点である。

これを論破するため弁護団の今村嗣夫《つぐお》は、米国判例をいち早く導入し、当時の憲法学界をリードしていた芦部に協力を求めた。今村はその後、自らのライフワークとなる「少数者の人権」についての芦部の理論にも共感していた。

芦部を弁護団会議に招き、控訴審の争点を説明した。芦部は使える米国判例があると答え、鑑定意見書を広島高裁に出すことを承諾した。

最高裁での暗転

中谷康子が拒否したにもかかわらず、自衛官だった亡夫の山口県護国神社への合祀を申請した名義は、自衛隊(国)そのものではなく、隊ＯＢの民間組織、県隊友会だった。憲法二〇条が宗教的活動を禁じているのは「国及びその機関」。このため殉職自衛官合祀拒否訴訟では、合祀申請が憲法違反に当たるかどうかが争点の一つだった。

合祀申請の事務は、自衛隊地連が担った。申請は県隊友会との「共同行為」と主張する中谷弁護団に支援を求められた芦部は鑑定意見書を書いて控訴審の広島高裁に提出した。一九八一年一一月のことである。

意見書で芦部は、私的行為を国家行為と同視できるかどうかは「(国が)私的行為に極めて重要な程度にまで関わり合ったことが見いだされるかどうかによる」との米・連邦最高裁判決を引用。「県隊友会と国(自衛隊)とが「共生関係」にあるといえる可能性が極めて大きい」と指摘した。

高裁は翌年、一審判決をほぼ踏襲し、合祀申請は両者の共同行為で、憲法二〇条の政教分離原則に反するという判決を言い渡した。中谷は判決後、「私の訴えを認めていただきました」

と笑顔で支援者に手を振った。

喜びは六年後、暗転する。

国の上告を受けた最高裁が、中谷の全面敗訴の判決を出したからだ。一、二審の判断をことごとく覆している。

- 合祀申請は実質的にも県隊友会単独の行為で、自衛隊地連との共同行為とみることはできない。県隊友会に協力した地連の意図、目的も自衛隊員の社会的地位の向上と士気の高揚を図ることで、宗教的意識も希薄だった。
- 「静謐な宗教的環境の下で信仰生活を送るべき利益」(宗教上の人格権)なるものは認められない。合祀は信教の自由により護国神社が自由になし得るもので、中谷の信仰に何ら干渉するものではない。

一五人の裁判官のうち反対意見は学者出身の伊藤正己《まさみ》だけだった。

靖国懇が「政教分離原則に抵触しない何らかの方式による公式参拝の途があり得る」などとする結論をまとめ、中曽根康弘が戦後の首相として初の靖国神社公式参拝に踏み切って三年後のことである。大きな政治の流れに最高裁が追随しているように見える。

芦部は『法学教室』で最高裁判決を強く批判した(「自衛官合祀と政教分離原則」一九八八年八月号)。

行為者の宗教的意識の強弱を持ち込んだりするような判断方法では、政教分離原則が骨抜きになる恐れがある、というのだ。

それは靖国懇に委員として参加し、政教分離原則の厳守、公式参拝反対を貫いた主張と重なる。

死んでも神として祭られる——。国家と神道が結び付いて軍国主義を支え、国民を戦争に駆り立てた。神社への参拝が強制され、他の宗教は弾圧された。こんな歴史への反省から戦後、憲法に盛られた政教分離原則。芦部の言うような「骨抜き」になっていないか。原点を問い直したい。

第5章
象徴天皇制とは何か

法学部生たちのノートを基に編集された芦部の講義録(東京大法学部研究室図書室所蔵).

天皇制がクローズアップされる代替わり儀式「即位礼正殿の儀」、「大嘗祭《だいじょうさい》」が二〇一九年秋に行なわれた。明治憲法下、統治権を一手に掌握する「総攬《そうらん》者」だった天皇は、先の大戦を経て国政の権限を持たない「象徴」になった。だが、戦後の憲法改正論は、その権威を高める方向に向かってきた。二〇一二年に発表された自民党憲法改正草案では「日本国の象徴」を「日本国の元首」に改める、としている。

象徴天皇制とは何か。その役割はどうあるべきなのか。天皇の名の下に行なわれた戦争を体験した芦部の説に触れながら、現代に続く問いを考える。

国事行為以外の「公的行為」

平成の天皇(現上皇)が退位の意向をにじませたビデオメッセージを公表して四カ月近くたった二〇一六年一一月三〇日。首相官邸で開かれた天皇退位を巡る政府の「天皇の公務負担軽減等に関する有識者会議」の意見聴取に東京大名誉教授、高橋和之の姿があった。

戦中生まれの高橋は芦部の最初の弟子。芦部の代表的著書『憲法』の補訂を芦部亡き後、続ける。

会議は非公開。その後、公表された議事録や会議配布資料によると、退位について高橋は「憲法は退位制度の創設を禁止はしていない。しかし、天皇の意思のみで退位が可能とか、天皇の意思に反して退位させるという制度は、憲法に反するおそれがつよい」と説明した。

また、最初に天皇の役割にも触れ、こう述べている。

「憲法が象徴としての天皇に認めた行為というものは、憲法が定める国事行為のみとされており、それ以外の憲法上の行為の存在というのは想定されておりません」

どういうことなのか。

憲法は、天皇はこの憲法の定める国事に関する行為のみを行ない、国政に関する権能を有しないと規定(四条)。国会の指名に基づく内閣総理大臣の任命など形式的・儀礼的な国事行為を一三種類挙げている(四、六、七条)。

国事行為 （憲法が定める）	内閣総理大臣の任命（国会の指名に基づく） 最高裁長官の任命（内閣の指名に基づく） 法律や条約の公布（以下，内閣の助言と承認による） 国会の召集 衆議院の解散 国会議員の総選挙施行の公示 国務大臣の任免や大使らの信任状の認証，など 13 種類
「公的行為」 （憲法に定めがない）	各種式典出席 災害見舞い 外国公式訪問 外国賓客の接待 戦争激戦地への慰霊訪問 国内巡幸 国会開会式での「おことば」，など

天皇の行為の解釈は大きく二つに分かれ、論争が続く。

一つは、国事行為「のみ」とあるのだから、それ以外の行為は全て私的行為であり、国事行為以外の公的行為はあり得ないとする「二分説」である。

もう一つは、象徴としての地位を反映して、国事行為以外にも公的色彩を帯びる行為があり、私的行為とは区別されるという「三分説」。この説は、国事行為ではない被災地訪問や外国訪問、各種行事への出席などを「ご公務」とする政府が採用している。

高橋の発言は二分説に立つように見える。ただ、国事行為以外の公的行為も「法律上」可能という。現に皇室の費用を定めた皇室経済法で公務や賓客の接遇など公的性格を持つ行為には「宮廷費」、日常生活の私的な行為には「内廷費」を充てると区別しているからだ。

師の芦部はどう考えたのか。

昭和から平成に代替わりして間もないころ、『法学教室』に発表した論考「国民主権と象徴天皇制」(一九八九年六月号)。この中で、二分説を憲法の描く天皇像に見合うとして評価する一方、次のような疑問も投げかける。

(国事行為以外)全て純然たる私的行為となれば、公的性質を帯びた行為が憲法の厳しい制約から外れてしまう。三分説の方が、(公的行為を国事行為に準じて)内閣の責任にすることによって、天皇の行為を民主的統制の下に置くことを可能にする。

ただし、注文がある。

国事行為に準ずる実質的な理由があるものに限って公的行為とみなすよう、個別具体的に検討し、範囲を必要最小限にするべきである、というものだ。

昭和と平成でそれぞれの天皇が八二歳だった年の公的行為の数を比べると、三四四件から一・五倍の五二九件に増えた。国民の支持の一方で、芦部の言う「必要最小限」なのか疑問も残した。

明治憲法の残像

吉田(茂)総理大臣は「おそれ多くも、天皇は象徴であらせられる」と述べて、象徴であることに特別の意味を持たせようとしたが、妥当ではない——。

東京大の教授だった芦部は、講義で学生たちにこう語った。

東大本郷キャンパスにある法学部研究室図書室には、芦部の講義録『憲法』の第一部と第二部（東京大学出版会教材部）が所蔵されている。一九八四年四月の定年退官前の講義を法学部生グループのノートから編集。芦部の許可を得て発行された。

天皇制に関してはまとまった著作の少ない芦部だが、講義録は天皇制だけで三三ページあり、講義にかなりの時間を割いていたことがうかがえる。

吉田発言は、天皇が象徴であることの意味を説明する中で取り上げた。説明を要約すると、次のようになる。

君主制の国家では、君主は本来、象徴たる地位、役割が与えられている。明治憲法下でも天皇は国の象徴だったと言うことができる。ただ、統治権の総攬者という地位が前面に出ていたため、象徴たる地位は背後に隠れていた。今の日本国憲法では統治権の総攬者の地位を否定した結果、象徴としての役割が前面に出てきた。

従って、憲法一条の主眼は、天皇が国の象徴たる役割を持つことを強調するよりも、天皇が象徴以外の役割を持たないことを強調することにある。

しかし、象徴の積極性を強調する考え方は一九五〇年代、政府関係者に強くあった。当時の文部相天野貞祐《ていゆう》が、教育の指針とするため作成した国民実践要領では「天皇の地位は国家の象徴として道徳的中心たる性格をもっている」とうたわれた（二カ月後、白紙撤回）。吉田も国会質疑に対し、天皇が「新日本建設に日本国民を導いて行かれる」などと答えている。

明治憲法で天皇の地位は神の意思（神勅）に基づいていた。これに対し日本国憲法では、主権の存する国民の総意に基づく(一条)。だから、天皇制は「国民の意思によって廃止することも可能である」と芦部は講義で説いている。国民の上に立つ存在ではないことは明らかである。

だが、節目節目で古い天皇観が顔を出す。

昭和から平成への代替わりがあった一九八九年。芦部は「憲法制定時の日本政府の関係者が固執した明治憲法的天皇の残像ではなかろうかと思われる議論も、かなりみられる」(同前『法学教室』)と危ぶんだ。

そして、今回の天皇退位の法整備。「政争の具にしない」「静かな環境で」。天皇の問題を特別視した首相や衆議院議長らの言葉が、国会で意見を戦わせることをけん制した。その結果、衆参両院の正副議長の下で各党が意見調整するという異例の形に。国民に開かれた場での議論は避けられた。国民の声を聴く機会もなかった。

「国民の総意に基く」はどこに行ったのか。芦部が生きていたら、この光景を何と評しただろうか。

政治利用問題

自衛官増員のための防衛二法(防衛庁設置法、自衛隊法)改正案が国会審議入りを控えた一九七三年五月、事件は起きた。

当時の防衛庁長官、増原恵吉は、昭和天皇に当面の防衛問題を内奏(所管事項の説明)した後、そのやりとりを記者団に次のように語った。

陛下は「周辺諸国に比べて自衛隊はそれほど大きくはないようだが、どうして(国会で)問題になっているのか」と聞かれた。また、「(防衛問題は)国の基本に関わる問題であり、旧軍の悪いことは切り捨て、いいところは取り入れるようにして、しっかりやってもらいたい」と言われた——。

増原は「防衛二法の審議を前に勇気づけられました」と記者団に述べた。

憲法上、国政権限のない天皇の言葉を公《おおやけ》にし、政治的に利用したと野党が追及。増原は内奏から三日後に辞任に追い込まれる。芦部が東大の憲法講義で紹介した天皇の政治利用問題の一例である。

似た問題は、新憲法施行間もないころから起きていた。

一九五一年九月、日本と交戦国との間で調印されたサンフランシスコ平和条約。国内では西側陣営とだけの片面講和か、ソ連・中国を含む全面講和かで激しい対立があった。早期独立を目指す政府は片面講和に踏み切った。

その直後に召集された国会の開会式で昭和天皇は「勅語」(現在は「おことば」)をこう述べた。

全国民とともに熱望してきた平和条約の調印がようやく終わったことは、諸君とともに誠に喜びに堪えない——。

そもそも国会で天皇が発言することが憲法上許されるのかという疑問の声が上がった。さらに、天皇が読み上げた文章を起草、承認したのは内閣だったため、天皇の政治利用とも評された。内奏も、国会開会式での「おことば」も憲法に定めがない天皇の行為。政府は象徴としての地位に基づく「公的行為」と呼んでいる。しかし、その範囲が曖昧なため、政治利用の余地を生む。

近年では、やはり公的行為とされる「式典への出席」を巡って問題が起きた。首相安倍晋三は二〇一三年、サンフランシスコ平和条約が発効した日(四月二八日)を記念する「主権回復の日」式典の実施を明言した。発効後も米施政権下に置かれた沖縄では「屈辱の日」として反発が強い。にもかかわらず、当時の天皇、皇后の臨席を求めて挙行し、「政治利用」との批判を招いた。

芦部は、前回の天皇代替わり時に書いた前述の論考「国民主権と象徴天皇制」で「一定の政治的効果を意図あるいは予測して、天皇の公的行為を基本政策の実現ないし推進のために利用するおそれが多分にある」と見通していた。

先述のとおり、憲法は天皇の地位が「主権の存する日本国民の総意に基く」と規定する。芦部は天皇の政治利用に対し、こう呼び掛けている。

「『主権の存する日本国民』の監視によるチェックがとくに必要とされよう」

代替わり儀式

「即位礼と大嘗祭を含む一連の諸儀式は、政教分離・主権在民原則の憲法原理に反する」

二〇一九年二月二五日、東京地裁一〇三号法廷。第一回口頭弁論で、訴訟の呼び掛け人になった原告の大学教授、佐野通夫が意見陳述した。

二〇一八年一二月に提訴。現天皇の「即位礼」や皇位継承儀式「大嘗祭」は宗教儀式であり、公費を支出するのは憲法違反だとして、国に支出差し止めと精神的苦痛に対する損害賠償を求めた。原告は北海道から沖縄までの市民三〇〇人余に上る。

地裁は訴訟を分離。差し止め請求については法律上の根拠がないという理由で却下し、損害賠償請求が継続中である。

「〔信教の自由を圧迫した〕戦前の国家神道が継続している」と訴える佐野。東京大在学中に芦部の憲法の講義を聴いた。当時発行されたばかりの著書『現代人権論』にも接し、影響を受けたという。

同書の書き出しはこうだ。

「人権の歴史は、疑いもなく、国家の恣意《しい》からの自由の歴史である」。佐野は「芦部さんが今の状況を見たら何と思うだろうか」と話す。

同様の訴訟は、平成への代替わり儀式(一九九〇年)を巡っても起こされた。

このうち一九九五年の大阪高裁判決は、国費支出差し止めや損害賠償の請求を退けたものの、儀式のあり方に「違憲の疑い」を指摘し、確定した点で注目される。判決は言う。

大嘗祭は、神道儀式の性格が明白。これを公的な皇室行事として宮廷費（国費）で行なったことは、国家神道の助長、促進になり、政教分離規定に違反する疑いを否定できない。即位礼正殿の儀は、天孫降臨の神話を具象化したといわれる高御座《たかみくら》や剣、璽《じ》（勾玉《まがたま》）を使用するなど宗教的要素を払拭《ふっしょく》しておらず、大嘗祭と同様、政教分離規定違反の疑いを否定できない——。

また、国民主権の観点からもこう疑問を投げかけた。

天皇が、主権者の代表である首相を見下ろす位置で「おことば」を発し、首相が天皇を仰ぎ見る位置で寿詞《よごと》（祝辞）を読み上げたことなどは現憲法の趣旨にふさわしくない——。

司法の警告を無視するかのように政府は今回の儀式の前例踏襲を決め、いずれも国費を投入。これには秋篠宮（現皇嗣）も二〇一八年一一月の記者会見で「〔大嘗祭について〕宗教色が強いものを国費で賄《まかな》うことが適当かどうか」「宮内庁長官などにかなり言ったが、話を聞く耳を持たなかった」と異例の苦言を呈している。

平成への代替わりの一九八九年、『ジュリスト』誌上で行なわれた座談会（「象徴天皇制の四二年と今後の課題」同年五月一日・一五日号）。司会の芦部は、象徴天皇制を考える重要な視点として、こう語っている。

「天皇の神格が否定され、明治憲法の天皇制の最大の特色の一つであった政教一致の建前が崩壊したこと、それに代って新しく国家と宗教の厳しい分離の原則が定められ、皇室の行う神道行事は、すべて皇室の私事となったことだと思います」

大嘗祭は「私事」を「公的な皇室行事」(政府)として総額約二四億円(予算ベース)の国費を支出する矛盾を引きずった。

人権の制限という論点

「次第に進む身体の衰えを考慮する時、これまでのように、全身全霊をもって象徴の務めを果たしていくことが、難しくなるのではないかと案じています」

平成の天皇が二〇一六年八月に発したビデオメッセージ。退位の意向がにじむのと同時に、辞めたくても辞められない不自由さをあらためて浮かび上がらせた。

天皇の不自由さは憲法と、皇室関係の事項を定めた法律「皇室典範」に由来する。

天皇が生きている間にその地位を降りられないのは、典範が皇位の継承時期を「天皇が崩じた〔死去した〕とき」と定めているためである。このほか典範の規定によって皇位の継承は「皇統〔天皇の血統〕に属する男系の男子」に限られ、結婚も自由にできない。男女平等原則や「両性の合意のみ」に基づく結婚など憲法の人権規定が適用外に置かれている。

また、憲法の「皇位は、世襲」「国政に関する権能を有しない」などの規定から職業選択の自由や民主主義の基本である参政権はなく、表現の自由も制約される。憲法が定めるのは「天皇」についてだけ。だが、皇族も「特殊な地位にあることから天皇の制約に準じる」というのが政府見解である。

天皇・皇族は憲法上、基本的人権を享有する「国民」か否か。長年、論争になってきた問題である。芦部は著書『憲法学Ⅱ　人権総論』で学説を次の三つに分類している。

(1)　日本国籍を有するから国民に含まれるとみるのが自然。ただ、皇位の世襲と職務の性質から必要最小限の特例が認められる。

(2)　国政を動かす（主権者）のが国民だから、国政に関する権限がない天皇は国民に含まれない。ただ、人が生まれながら持つとされる権利・自由は天皇にも及ぶ。皇族は国民に含まれる。

(3)　天皇・皇族ともに「門地」（家柄）によって国民から区別された特別の存在である。

同書で芦部は自らの見解を示していないが、東京大での講義では、国民に含まれるとする(1)説を「妥当と考える」と述べている（講義録『憲法　第一部』）。その理由は「天皇を国民から除外することは、天皇についての特別扱いを必要以上に大きくすることの根拠とされる可能性がある」としている。

平成の天皇が退位意向のメッセージを発するより一一年前の二〇〇五年。東大名誉教授の奥平康弘(一九二九〜二〇一五年)は著書『「萬世一系」の研究』で退位問題を論じていた。要約すると次のようになる。

天皇・皇族の地位・身分に関わることには権利保障体系がまともに適用されない法構造になっている。ただし、退位の不自由に限っては「窮極の人権」として、なんぴともその制度の枠組みから逃れ、ふつうの人になる「脱出の権利」が保障されるべきだ——。

平成の天皇の退位は、皇室典範の改正ではなく、一代限り認める特例法によって実現した。今後の天皇も退位できる道は開けなかった。

天皇・皇族の人権制限をどこまで認めるかは、今後も続く課題である。

芦部の著書『憲法』で「国民の総意により可変的なものとなった」とされる天皇制。そのあり方は、私たち主権者に委ねられている。

第6章

インタビュー 芦部憲法学から現代を問う

伊那北高校創立70周年記念で講演する芦部信喜，1995年10月，長野県伊那文化会館.

「憲法改正を私の手で成し遂げていく」。二〇二〇年の年頭記者会見で安倍晋三首相が前年に続き述べた言葉は、憲法は誰のためのものかという根源的な疑問を投げかけている。国家権力を縛り、個人を守るための憲法を、国民の強い要求がないまま権力者の手で変えようとすることが妥当かどうか。芦部氏が生きていたら何を語っただろう。

憲法改正のほか、九条、人権、国家と宗教、平和的生存権、メディアの自由……芦部憲法学の裾野は広い。それぞれの視点から、芦部氏ゆかりの人々が現代を問う。

精神的自由と教育

——社会的価値
道徳より憲法学んで

前川喜平
〔元文部科学事務次官〕

大学時代、法学部でありながら法律に興味が持てませんでしたが、芦部先生の憲法学だけはみっちり勉強しました。最も印象に残っているのは、同じ自由権でも「精神的自由」と「経済的自由」は分けて考えなければならないということです。

経済的自由は、社会的に相当な理由があれば制限することができるが、言論・表現などの精神的自由は、よほどのことがない限り制限してはならない。つまり制限の基準がより厳格だということです(二重の基準)。

ところが現代は逆の方向に向かっている。世界を覆っている新自由主義は、経済的自由の制約を取っ払っていく考え方です。これでは富める者がますます富み、弱い者はどんどん弱くなっていく。

一方で、精神的自由は制約が強まっている。国際芸術祭「あいちトリエンナーレ」に対する補助金不交付決定もその一例です。国家権力が表現の自由に手を突っ込んで、良い悪いを判断しています（後に減額して交付）。

学校教育も同じです。子どもたちには内心の自由があるのに、そこに土足で踏み込んで学習指導要領で天皇を敬うよう求める。日の丸・君が代で起立・斉唱しなかった教員は処分される。

精神的自由は民主主義の土台になるものです。ないがしろにされると独裁を生み、さらに自由が奪われるという悪循環になる。今、その歯車が回り始めていると感じます。

憲法九七条にはこう書いてあります。「日本国民に保障する基本的人権は、人類の多年にわたる自由獲得の努力の成果であつて、これらの権利は、過去幾多の試練に堪へ、現在及び将来の国民に対し、侵すことのできない永久の権利として信託されたものである」。こういう自由の大切さを学ぶべきなのに、道徳の教科書には出てきません。

そもそも憲法は国民みんなが担い手なのだから、大学法学部の学生だけが学べばいいというものではない。小中学校できっちり勉強すべきなんです。それをやってこなかったのは教育政策の欠陥だったと思います。

背景には、保守政権下で文部省・文部科学省が教職員組合と対立してきたことがありました。人権・平和教育は組合が熱心に取り組んできた。だから、文部行政は反対側に回り、人権・平和といった憲法の重要な柱を学校で学ばせることを避けてきた。逆に道徳教育という戦前の修身科の復活につながりかねないことを推し進めてきました。

私が文科省の初等中等教育局長の時に道徳の教科化の話が持ち上がり、じくじたる思いがあります。やりたくないことをやらされていたわけですから。

憲法の教育を充実させるには、戦後教育の民主化のシンボルとしてつくられた社会科が重要です。憲法の最も基本的な原理である個人の尊厳、そこから導かれる国民主権、基本的人権の尊重、平和主義とその背景をもっと学べるようにしたい。

背景とは、人権が、古今東西の人々の努力によって勝ち取られてきたこと。戦争を違法化するという人類の知恵が積み重なって九条があることなどです。

人類が長年積み重ねてきたことが日本国憲法となって結実している。憲法が一つの価値体系であることは間違いありません。社会的価値を身に付けるには、道徳ではなく、憲法こそ学ぶべきでしょう。

（二〇二〇年一月二二日掲載）

まえかわ・きへい　一九五五年、奈良県生まれ。一九七九年、文部省（現文部科学省）入省。初等中等教育局長などを経て二〇一六年、事務次官。二〇一七年、天下り問題で引責辞任。その後、加《か》計《け》学園の獣医学部新設について「行政がゆがめられた」と発言。現代教育行政研究会代表。著書に『面従腹背』、『前川喜平「官」を語る』（共著）など。東京大三年の時、芦部教授の憲法の講義を受けた。六年間在学し、四年生以降の三年間も聴きに行ったという。

芦部憲法学の神髄

——「憲法訴訟論」実践 戦争体験ベースに

樋口陽一
〔東京大名誉教授〕

美濃部達吉から宮沢俊義へ、そして戦争を挟んで芦部信喜が引き継ぎ、後続世代をリードした。こういう大きな流れの中で、芦部憲法学をとらえています。

美濃部は、いわゆる「天皇機関説」でそれまでの神がかった憲法論を克服しました。後を継いだ宮沢は「法の科学」を提唱します。これは少し難しいですが、現実の法に行動的に働きかけ、価値判断を下す「法の解釈」と、これを排して現実の法をそのまま認識し、理解する「法の科学」を切り離す考え方です。

芦部さんはこの「法の解釈」と「法の科学」を再結合させたと、私はみています。それは論理的にというよりも自身の戦争体験によってだと思います。

芦部さんの最大の功績は「憲法訴訟論」です。事件の裁判を通して法律などの違憲性を問う憲法訴訟は、今でこそ一般的ですが、芦部さんが米国留学(一九五九〜六一年)を経て、新たな学問分野として開拓したものです。

学者は、研究して論文を著し、後は実務家に任せるのが普通です。だが、芦部さんは証人として法廷に立ったり、鑑定意見書を裁判所に提出したり、弁護団に助言したりと、多くの憲法訴訟に関与しています(自衛隊関係で恵庭、長沼、百里基地の各事件、人権関係で猿払、総理府統計局各事件、家永教科書裁判、政教分離関係で山口県自衛官合祀拒否、箕面《みのお》忠魂碑各訴訟など)。控えめな人柄ながら、よくぞここまでおやりになったと思います。

これがまさに法の解釈と、現実の法のあり方を正しく認識する法の科学の再結合を示しているのです。先ほども述べましたが、そのベースにあったのが、学徒出陣、特攻隊候補生という戦争体験だったのでしょう。

シンボリックな例が靖国問題です。

中曽根康弘内閣が一九八四年に設置した諮問機関「閣僚の靖国神社参拝問題に関する懇談会」(靖国懇)に芦部さんは委員として参加します。一年に及ぶ議論で、芦部さんは公式参拝が(戦争の反省に基づく)政教分離原則に反し、違憲だということを一貫して主張しました。戦争で生き残った者の責任が表れています。

それに反して公式参拝容認の結論が出され、中曽根首相が八月一五日に靖国神社を参拝しました。その後、同僚らと都内で芦部さんの慰労の会食をしましたが、靖国懇の議論の展開を残念がっていた姿を覚えています。

委員を引き受けるに際し、自分の主張が通るという甘い想定は持っていなかったと思います。ただ、まっとうな発言を記録に残して後世に伝えようとしたのでしょう。

学問の人。公を担うシチズン(市民)としての責任主体。伊那の風土と戦争の生き残り体験。この三つが一体となって芦部信喜という人間がいたと言えるでしょう。

特に芦部さんが開拓した憲法訴訟論は、現代においても訴訟に関わる人たちに光をともし、その周辺に種をまいています。

日本を代表するこの憲法学者の名前を、憲法に対するスタンスを政治的信条のよりどころにする(安倍)首相が国会で問われて、知りませんでした。もし、帝国議会で美濃部達吉を知っているかと問われたら、時の首相は、ばかにするなと答えたでしょう。

(二〇二〇年一月二九日掲載)

ひぐち・よういち　一九三四年、仙台市生まれ。憲法学専攻。東北大、パリ第二大、東京大、上智大、早稲田大の教授・客員教授を歴任。東北大・東大名誉教授。「立憲デモクラシーの会」共同代表を務める。『近代立憲主義と現代国家　新装版』『リベラル・デモクラシーの現在――「ネオリベラル」と「イリベラル」のはざまで』など著書多数。自らも国民学校時代、仙台空襲に遭い、戦中派を自認する。一九八〇年から四年間、東大で芦部教授とともに憲法の講座を持った。

平和的生存権
——核の時代こそ前文の重視を

辻村みよ子
〔東北大名誉教授〕

世界の憲法を調べると、多くの国が平和に関する規定を設けています。軍隊を持たないことを明示している国も日本に限らず、コスタリカやパナマなどがあります。その中で日本国憲法の最大の特徴は、前文で平和的生存権を掲げ、九条で戦争放棄と戦力不保持を具体化することで、それを担保していることでしょう。

平和的生存権は、前文の「われらは、全世界の国民が、ひとしく恐怖と欠乏から免かれ、平和のうちに生存する権利を有することを確認する」との宣言から導かれます。平和の問題を人権の視点から捉える重要な概念です。

ただ、前文というのは抽象的なプログラム規定（国の政策指針）にとどまり、裁判規範性（裁判で使える権利）を持たないという説がこれまで多数でした。裁判所も（航空自衛隊のミサイル発射基地を巡る)長沼ナイキ基地訴訟の札幌地裁判決(一九七三年)以外は認めてきませんでした。

ところが二〇〇八年、自衛隊イラク派遣違憲訴訟の名古屋高裁判決によって、従来の説は説得力を失いつつあるように見えます。判決は「平和的生存権には具体的権利性がある」と明確に指摘し、イラク派遣の違憲性を認めたからです。

そもそも前文だから規範性がないというなら、フランス憲法のように人権保障規定を前文に書いている国では、裁判で全く使えないことになってしまいます。

また、前文で平和的生存権を持つ主体が「全世界の国民」となっていることに対し、一国の憲法にはナンセンスという議論もあります。

しかし、前文は日本だけが平和になればいいという偏狭な考え方ではなく、世界が一緒に平和にならなければ日本も平和になれないという考え方を示していて合理性があると思います。核の時代の今こそ重視すべきです。

自民党が二〇一二年に発表した憲法改正草案は、この前文を全て削って、「天皇を戴《いただ》く国家である」などと国柄を書き込んでいます。現代資本主義国の憲法は、前文に人権や国民主権、平和主義といった普遍的原理を盛るのが主流。草案は、国家のための憲法という構造を示している点でも、旧憲法への舞い戻りのように見えます。

安倍晋三政権は二〇一四年、自国と密接な国が武力攻撃を受けた場合に反撃する集団的自衛権を行使できるよう閣議決定しました。集団的自衛権行使のための戦闘ができる自衛隊を九条に明記する今の自民党憲法改正案が通ると、違憲訴訟も事実上起こせなくなり、自衛隊の活動は歯止めを失うでしょう。

集団的自衛権が行使されて戦闘犠牲者が出るようになれば、自衛隊の志願者は減り、自衛官強制徴集制という形の徴兵制が復活する可能性もあります。改正憲法に平和的生存権をうたった前文が残ったとしても、死文化してしまいます。

平和主義のような原則を変えることはできない、というのが芦部先生の憲法改正限界説です。芦部先生は学徒出陣、特攻隊候補生などの体験から平和主義を体に染み込ませていました。ご存命であれば、集団的自衛権の行使容認に強く反対されただろうことは想像に難くありません。

（二〇二〇年二月五日掲載）

つじむら・みよこ　一九四九年、東京都生まれ。専門は憲法学・比較憲法・ジェンダー法学。東北大大学院教授を経て明治大大学院教授。東北大名誉教授。二〇一一〜一三年、全国憲法研究会代表。著書に『比較憲法　第三版』『憲法改正論の焦点——平和・人権・家族を考える』など。国公立大法学部初の女性憲法学教授。直接の師弟関係はないが、学会などで芦部氏によく励まされたという。

政教分離の原則
――「靖国懇」発言を読み解く

高見勝利
〔北海道大名誉教授〕

信濃毎日新聞が二〇一九年、「閣僚の靖国神社参拝問題に関する懇談会」(靖国懇)の議事録(存在した前半部分)を情報公開請求によって明るみに出しました。それを読むと、委員として加わった芦部さんの発言が、憲法の政教分離原則について多くの示唆を与えてくれます。

長野県の阿部守一《しゅいち》知事が、靖国神社の地方版といえる県護国神社の支援組織「崇敬者会」の会長を務め、神社の寄付集めにも関わっていたことも二〇一九年、同紙が明らかにしました。この問題を靖国懇での芦部発言に照らして考えてみたいと思います。

憲法二〇条三項は国(地方自治体を含む)及びその機関のいかなる宗教的活動をも禁止しています。これに対し阿部知事は私人としての活動であり、憲法に違反しないと主張しています。

芦部さんは靖国懇で「高官になると、私的というのが非常に公的な性質を帯びてくる」と述べ、公私が厳格に分けられない問題を提起しています。つまり、公・私の切り分けという言い分だけで合憲と主張することはできないということです。

どういう場合に政教分離違反になるのか。それを示したのが、津市の地鎮祭訴訟で最高裁判決(一九七七年)が採用した「目的効果基準」です。芦部さんは、違憲判断のポイントは「宗教との関わり合いをもたらす行為の目的及び効果にかんがみ、その関わり合いが相当とされる限度を超える」、つまり、宗教と「過度に関わり合う」場合だと指摘します。

その上で、公式参拝や公金支出といった形式をとる場合だけではなく、高官が私的形式であれ特定宗教と象徴的な結び付きを持つ場合も「過度の関わり合い」になる――と説いています。

崇敬者会の会長である知事が護国神社のために「県民の皆様の幅広い御協賛」(寄付集めの趣意書)を呼び掛ける行為は、「私人として」の体裁を取り繕ったとしても、まさに県知事が特定の宗教と象徴的に結び付くものといえるでしょう。

芦部さんは、過度の関わり合いが政治的分断を引き起こすことも問題にしています。知事の行為は特定宗教にお墨付きを与え、他の宗教を信じるなど違和感を抱く人々に対しコミュニティーの一員でないとのメッセージを発するものでもあります。

以上から、違憲だといわれても弁明の余地はないでしょう。

もちろん知事にも憲法上の信教の自由はあります。ただ本当に私人として参拝したいと考えるならまずは、崇敬者会の会長を辞すべきです。

戦前、国家と神道が結び付いて国家神道を形成し、国民を戦争に誘導していきました。国家神道の支柱だった靖国神社や護国神社は、戦死者を神として祭ることで戦意高揚を担ってきた。政教分離の原則は、こうしたことを繰り返さないように国家と宗教を切り離す目的で今の憲法に置かれました。

この原則を守らないことは憲法の二〇条だけの問題ではありません。「政府の行為によって再び戦争の惨禍が起ることのないやうにすることを決意し」という前文の精神にも反することになると思います。

（二〇二〇年二月一九日掲載）

たかみ・かつとし　一九四五年、兵庫県生まれ。専門は憲法学。九州大、北海道大、上智大大学院で教授を歴任。北大、上智大の名誉教授。著書は専門書で『芦部憲法学を読む――統治機構論』、一般書で『憲法改正とは何だろうか』など。中央大法学部卒業後、東京大大学院に進み小林直樹教授を指導教官としたが、小林氏が米国留学に出たため約二年間、芦部教授の指導を受けた。

憲法改正

——基本原理の合意があってこそ

戸波江二
〔早稲田大名誉教授〕

憲法改正論は、今の憲法が施行された一九四七年から今までずっと主張され、政治の大きな課題になってきました。

改憲論は①今の憲法は敗戦後の占領軍がつくったから自分たちでつくるべきだ、②日本の歴史と伝統に根差した憲法にすべきだ、③九条を改正して自衛隊を正式な軍隊に——などが中心でした。この二、三〇年は、緊急事態に対処し、国際貢献のできるようにすべきだなど、改正論の内容はやや変わってきています。

これに対して、多くの憲法学者は護憲論です。今の憲法が戦前の国家主義とアジアへの侵略戦争を否定し、自由・民主・平和を日本の基礎としていることを重視しているからです。

もっとも近年では、若い憲法学者を中心に憲法の人権保障や民主主義を強化する改正、例えばプライバシー権、知る権利を書き込んだり、国民投票を採用したりする改正に賛成する考え方も有力になっています。憲法改正問題は、従来の護憲・改憲の対立を基本としながらも、もっと複雑になってきています。

私も基本的に護憲論に立ちますが、変えた方がよい条項はあると思います。その例が、違憲審査を専門的に行なう憲法裁判所の設置です。

日本では、通常の裁判所が具体的な争訟の解決に必要な範囲で憲法判断をする「付随審査制」を採っていますが、憲法判断を最終的に行なう最高裁が違憲判決を出すことはめったにありません。

法律を違憲とする判決は国会の立法権をひっくり返すわけですから、しっかりした論理と見通し、社会の許容度などの究極的な判断が必要です。そのためには、憲法上の争いを毅然《きぜん》と判断する専門の裁判所こそが望まれます。

また、環境権も憲法に入れるべきです。これまでは一三条の「幸福追求権」から導き出せると解釈してきましたが、これだけ世界的に環境問題が注目される現代では、はっきり権利として明記した方がよいと思います。

とはいえ、「良い改正」であっても、現在の政治状況では正面から主張しづらいです。政府自民党、そして安倍内閣は憲法尊重の方向ではなく、「悪い改正」を目指しており、それを阻止するには「良い改正」の主張を控えざるを得ないジレンマがあります。

では、憲法改正を実現する条件は何でしょうか。

まず知ってほしいのは、憲法改正には限界があることです。国民主権の原理を憲法改正手続きで改めることは、憲法による自殺であり、理論的に許されません。国民主権と不可分に結び付いている基本的人権の尊重や平和主義の原理も改正できません。

この憲法改正限界説は、芦部先生が強力に主張されたものです。九条を変えることは、場合によってはこの基本原理の変更になる可能性があります。

次に、憲法改正をするためには、憲法が日本の土台となり、政治や社会のコンセンサス（合意）の文書であることを承認する必要があります。それがないと、憲法改正は政治や社会の分裂を招くことになります。自民党の改正論は、憲法を敵視、軽視して押しつけだ、古くなったと言い募っているので改正を難しくしているのです。

コンセンサスの土俵の上で「良い改正」を目指してこそ、国民に広く支持され、実現されるのです。

（二〇二〇年二月二六日掲載）

となみ・こうじ　一九四七年、東京都出身。憲法学専攻。筑波大、早稲田大・大学院教授を歴任。早大名誉教授。編著に『やさしい憲法入門』『ヨーロッパ人権裁判所の判例Ⅰ』など。一九七〇年から七年間、東京大大学院で芦部教授の指導を受けた。芦部氏の代表的著書『憲法』の基になった放送大学教材を下書きした。

九条の木

——平和の養分を送るのは市民

青井未帆
〔学習院大大学院教授〕

憲法は市民にとって身近なものというわけではありません。多くの人が憲法は大事なものだと思っているにせよ、どういう働きをする法なのかなど、あまり知られていません。

そう考えると、(戦争放棄、戦力不保持などの)九条は不思議な条文です。というのも、圧倒的に多くの人が知っているからです。そして、九条には、平和の価値が人々の意識の内側に根付いてきたことが最大の特徴でした。

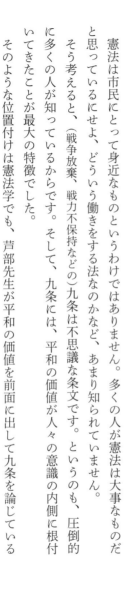

そのような位置付けは憲法学でも、芦部先生が平和の価値を前面に出して九条を論じていることに表れています。

先生は、テキスト(『憲法』)で「平和主義の原理」をこう書きだしています。「日本国憲法は、第二次世界大戦の悲惨な体験を踏まえ、戦争についての深い反省に基づいて、平和主義を基本原理として採用し、戦争と戦力の放棄を宣言した」「悲惨な体験」「深い反省」。その共有が九条を市民にとって特別な条文にしていたのでしょう。倫理、道徳、モラルと同じように、これをしてはいけないという意味での善きこと、正しいことと密接な形で九条が理解されてきたのだと思います。

九条を木にたとえると、幹や枝ぶりといった目に見える部分が政府解釈や学説、政策といったものです。見えない地下の根っこが、戦争は許さない、軍事はやめようという国民の思いでした。

その根っこが養分、エネルギーを地上に送って九条を形作ってきました。と、ここまで過去形で話してきたのは、その根っこが今、やせ細って弱っているのではないかという疑問があるからです。

二〇一九年一一月にローマ教皇フランシスコが来日し、倫理、モラルの話として核の廃絶や非武装の平和などを直球で訴えました。しかし、こういう価値の問題を真正面から受け止めて、考えることが少なくなってきているのではないでしょうか。

それを考えることが憲法九条を形作ってきたということを振り返り、確認することに意義があると思います。

そして、これから先どうするかが市民に求められているのです。条文をどう解釈するかといった、場合によっては技巧的な問題は、専門家に任せておけばいい。でも、何を大切に思うべきかは、私たち自身が問題にしないといけません。

これは、九条を改正したい人たちから出てこない話です。自衛隊を外征軍にするという倫理的に否定されてきたことをしようとしているわけですから。憲法学者や法制官僚からも出てきにくい。モラルに訴えかける議論は避けられるからです。

だからこそ市民として平和の価値にあらためて思いを致さなければならない。私たちは瀬戸際に立っているのではないでしょうか。

これまで根っこの養分があったからこそ、芦部先生のテキストは今の七版に至るまで、戦争の「悲惨な体験」「深い反省」という記述が生きていました。この共通理解がなくなると、すかすかした言葉になってしまいます。

私たちが平和についてどのような価値を持っているか、ということが木の上のありようを決める。それを見つめ直すのは学説ではなく、私たち自身なのです。

（二〇二〇年三月四日掲載）

あおい・みほ　一九七三年、千葉県市川市生まれ。専門は憲法学。信州大、成城大の准教授を経て二〇一一年から現職。著書に『憲法と政治』『憲法を守るのは誰か』など。国際基督教大卒業後、東京大大学院で高橋和之教授（現名誉教授）の指導を受けており、芦部氏の孫弟子に当たる。

憲法と現実

――「不断の努力」で近づけるのが先

江田五月
〔元参議院議長〕

大学時代、芦部教授の講座の試験で「憲法二五条について述べよ」という出題がありました。二五条は「すべて国民は、健康で文化的な最低限度の生活を営む権利を有する」という規定です。

当時の主な学説は「二五条は国の責務の宣言にとどまるプログラム規定であり、裁判規範(裁判で判断する基準)ではない」でした。後に朝日訴訟(生活保護の基準を争った訴訟)で最高裁も採用しています。このプログラム規定説を答案に書けば合格点がもらえたのだと思います。

当時、一九六〇年代初めで高度成長が始まっていた。僕は「今はプログラム規定だとしても今後、日本の経済力が増し、国民の生活水準が上がれば、もはやプログラムでは逃げられない時代が来る」と書きました。成績は「優」でした。

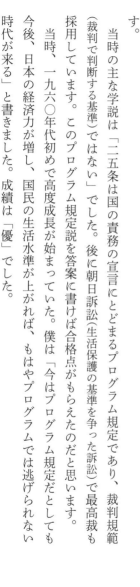

卒業後、芦部先生の立法事実論が目に留まりました。それまで法律が合憲か違憲かは抽象的な解釈による空中戦でした。芦部先生は法を支える社会的、経済的事実が何かを詳しく検討することを唱えました。今振り返ると、あの時の僕の答案は、芦部理論に沿っていたのかなと思います。

この理論は、今は誰も否定できないものとして実務に定着しています。芦部先生の大きな功績です。

僕は、憲法は世界史的な広がりを持った議論が必要だと考えています。

おおむねどの国にも身分制の封建時代があり、王の統治に対し、民衆がいろいろな悲劇を乗り越えて、自由や民主主義、人権という普遍的な価値を手にしてきた。それを体現したものが憲法なのです。比較的新しい南アフリカや東ティモールの憲法も過去の反省から平等や人権を高く掲げています。

安倍晋三首相は、憲法は「国柄」を書き込むものだと言います。世界史の流れを見ておらず、およそ憲法の何たるかをわきまえていません。

今の憲法は押しつけだというのも違います。

制定過程でGHQが関わったのは事実です。しかし、国会で審議して修正し、採決もしている。国民的議論もあり、多くの国民が祝福して受け入れたのです。僕が参院憲法調査会の筆頭幹事を務めていた時、参院としては押しつけ憲法論を採らないという中間報告を出しました。

大きな目で見ると、今の憲法におかしいところがあるわけではない。だからといって神棚に置いておけばいいものではなく、国民的議論は必要です。

そのときに大切なのは、抽象的な改憲論で口角泡を飛ばすのではなく、何を実践するか考えることです。

憲法に書かれている命題が日本の現実になっているのか。現実にするためにはどうすればいいのか。例えば、二五条で健康で文化的な最低限度の生活権を保障しているのに、七〇代の子どもが九〇代の親の介護に疲れ、無理心中してしまうような現実が多くあります。

憲法一二条は「この憲法が国民に保障する自由及び権利は、国民の不断の努力によつて、これを保持しなければならない」と定めています。現実を改める努力をすることによって憲法と国民が近づき、憲法をよりよいものにしようという議論が出てくる。そうでない改正論は眉唾《まゆつば》です。

（二〇二〇年三月一一日掲載）

えだ・さつき　一九四一年、岡山市生まれ。裁判官を経て参議院議員、衆議院議員を各四期務めた。科学技術庁長官、法務大臣、環境大臣を歴任。二〇〇七年から三年間、参議院議長。現在は弁護士。著書は『出発のためのメモランダム』と『国会議員』。東京大入学後、教養学部自治会委員長として大学管理法反対のストライキを主導し、退学処分。一九六三年に再入学し、教授になりたての芦部氏の講義を受けた。

メディアの自由
——「部分規制」で多元的情報を確保

長谷部恭男
〔早稲田大大学院教授〕

放送法（一九五〇年制定）には、政治的に公平であることや意見が対立する問題は多角的に論点を明らかにすることなどを定めた「番組編集準則」（四条）があります。新聞などのプリント（印刷）メディアにこうした規制はありません。

放送だけにある表現内容の規制は、表現の自由を保障した憲法に違反しないのか。これは今でも憲法学の核心的な論点になっています。

放送内容の規制を正当化する伝統的な議論は次のようなものでした。

一つは、限られた希少な周波数帯を使う、つまり公共の財産を独占的に使用するので公益性の観点から規制がかかる。

もう一つは、放送が動画や音声というインパクトの強い形で情報を伝達するうえ、能動的な努力なしに視聴が可能となる。この影響力の強さに配慮した規制はあってしかるべし。放送法制の専門家でもあった芦部先生もこうした伝統的議論を支持してきました。

ところが一九八〇年代、衛星放送やケーブルテレビなどのニューメディアが発達してくると、この論拠がいつまで持つか分からない状況になってきました。希少性といってもチャンネルはどんどん増え、インパクトの点でも放送と変わらないメディアが多くなってきたからです。

一九八五年末、財団法人(現公益財団法人)放送文化基金の委託研究で放送問題総合研究会が立ち上がり、こうした問題を議論しました。芦部先生が代表を務め、私は報告書の起草専門委員として加わりました。

新聞も放送も、生活を支える基本的情報を安価で時間を置かず社会全体に提供する点では差異がありません。だから、放送を区別せずに規制を取り払い、新聞と同様に自由に編集できるようにするという考え方もあります。

ただ、新聞も放送も自由では、メディアを独占するような資本が特定の党派にとって都合の良い情報ばかりを流すリスクが高まります。

逆に、新聞を含めメディア全体を規制すれば、今度は政府によってコントロールされる恐れが出てくる。

そこで新たな論拠として報告書で打ち出したのが「部分規制論」です。

放送のバランス規制は残し、自由な新聞と併存させる。それによって、マスメディア全体としては、社会全体に多様で多元的な情報を公平に送り届けることができるという考え方です。メディアの部分規制論は当時、日本で初めてだったと思います。

ただし、放送法の規制の正当化が可能ということと、「合憲」というのは別問題です。

今の番組編集準則はあまりに漠然としていて、どんな番組をつくれば抵触するのか予測が立たない。そんな準則を根拠に総務大臣が電波停止などの行政処分を下せるとなると、放送局に大きな萎縮《いしゅく》効果が働きます。

こうならないようにするには、政権の意向が直接働かない独立規制機関をつくり、編集ルールを具体化させる方法があります。部分規制論はこの方法を想定しています。

それをしないで、番組編集準則に基づいて電波停止などの法的メカニズムを動かすなら、憲法違反です。

（二〇二〇年三月一八日掲載）

はせべ・やすお　一九五六年、広島市生まれ。憲法学専攻。学習院大、東京大の教授を経て二〇一四年から現職。日本公法学会理事長。近著に『憲法学の虫眼鏡』『憲法講話——二四の入門講義』。二〇一五年の衆院憲法審査会で、参考人（自民推薦）として集団的自衛権の行使は「違憲」と表明した。東大法学部生時代に芦部教授のゼミに入り、一九七九年から三年間、芦部氏の指導の下に助手を務めた。

憲法訴訟論

――裁判通じて自由をどう守るか

渋谷秀樹
〔立教大大学院教授〕

戦前や戦後の一時期まで憲法学と言えば、国会（戦前は帝国議会）や天皇・内閣の地位、活動のあり方を考えるのが主流でした。新憲法が制定され、裁判所が法律や命令、規則、処分など国会や内閣の活動の憲法適合性を決定する権限を持つ（八一条）ことになると、その判断をする手順や基準についてのルールが必要になってきました。

それを米国で蓄積された判例から学び、先駆けて理論を打ち立てたのが芦部先生です。この憲法訴訟論は現代に通じる最大の功績でしょう。

芦部先生は理論を確立しただけでなく、日本の裁判に積極的に関与して論文を書き、その後の憲法学に大きな影響を与えました。象徴的な例が猿払事件です。

一九六七年、北海道猿払村で郵便局員（当時国家公務員）が休みの日曜日に衆議院議員選挙候補者のポスターを貼るなどし、政治的行為を禁じた国家公務員法に違反した罪に問われました。一方で憲法は表現の自由を保障しています。芦部先生は、職務上の行為と職務外の行為、勤務時間内と時間外を区別し、後者は政治活動の自由が原則である、権力の行使を伴う職かどうかで制限の程度、範囲は異なる、などとする鑑定意見書を旭川地裁に提出しました。

地裁は、非管理職で勤務時間外など、法が想定していない事案に適用するのは違憲という「適用違憲」と判断、無罪を言い渡しました。芦部先生の意見書を踏まえたのは間違いないでしょう。この影響は大きく、その後の同種裁判約一〇件で同様の判決が出ています。

ところが最高裁は一九七四年、公務員の職種・職務権限や勤務時間内外などの区別は関係ないと、適用違憲を否定する逆転有罪判決を出します。芦部先生の主張は覆され、公務員の政治的行為は全面禁止ということになりました。リベラルの流れは止まってしまいました。

それから四〇年近くたった二〇一二年、一つの判決が注目を集めます。社会保険庁(当時)の職員が休日に政党機関紙を配布し、国家公務員法違反に問われた「堀越事件」。最高裁が公務員の職務権限や勤務時間内外などを判断して、無罪としたからです。

私はこの判決文を読んだ時、芦部先生の考え方が最高裁内で復活したと思いました。先生が亡くなって十数年たっていましたが、ご存命であれば、実質的に適用違憲と同じだと言われたでしょう。

「近代憲法は、何よりもまず、自由の基礎法である」。芦部先生の代表的著書『憲法』には、こう書かれています。

先生の憲法観が反映され、芦部憲法学の一番大事なところです。公務員も一般市民と同じように、自由をできるだけ制限すべきではないという考え方は、ここから来ていると思います。背景には、表現の自由や人身の自由が制限された戦争の時代を体験したことがあったのでしょう。自由の基礎法を裁判所でどう実現させるか。言い換えれば、自由を裁判を通じてどうやって守るか。そこに先生は情熱を注がれ、憲法訴訟論として結実し、現代に生きているのです。

憲法訴訟論はともすれば、細かい技術論に目を奪われがちですが、その根本に流れている自由への思いを学び取るべきでしょう。

（二〇二〇年三月二五日掲載）

しぶたに・ひでき　一九五五年、兵庫県加古川市生まれ。専門は憲法学。大阪府立大、明治学院大、立教大教授を経て二〇〇四年から現職。二〇一三～一九年、放送倫理・番組向上機構（BPO）の放送倫理検証委員を務めた。著書は『憲法　第三版』『憲法への招待』など。東京大大学院で一九七八年から六年間、芦部教授の指導を受け、最後の弟子となった。芦部氏が亡くなる前日、病室に呼ばれ「頑張れ」と手を握られたという。

平和主義の理想と自衛隊

――「マニフェスト説」の再評価に期待

那須弘平
〔元最高裁判事〕

最高裁判事のころ、昼休みによく千鳥ヶ淵戦没者墓苑（無名戦士らの納骨施設）に足を運びました。花一輪を供えて、多くの兵士が散った南方に向かって鎮魂と平和の祈りをささげる。それは、平和の理想の揺るぎないことを私なりに確認する場ともなりました。

戦争放棄・戦力不保持をうたった憲法九条と、その下で世界有数の軍事力を備えた自衛隊の現状。両者の間には相互に矛盾する関係があるように見えます。この矛盾に対応するかのように、世論も九条改正論と改正反対論とに分かれ、激しい論争を繰り返してきました。

しかし両陣営の間には、自衛隊の存在を一定限度で容認しつつ、憲法改正までは望まない「中間層」というべき人々がいます。その数は他の陣営に勝るとも劣らない規模であることが各種資料で明らかになっています。

私もその一人でした。九条の戦力不保持と自衛隊の存在という二つが併存する現実をどう法的に整理し、語ったらよいのか。混迷の日々を過ごしていました。

転機は、長野県立伊那北高校同窓会から送られてきた母校創立七〇周年記念継続事業の芦部さんの講演(一九九五年)記録の一節を目にした時でした。

私(芦部)は、九条は為政者を法的に拘束する規範と今まで考えてきた。そうすると、規範と現実との矛盾を解くには憲法を改正するか、自衛隊を解消する方向しかない。非武装平和の憲法を世界に訴え、一方で必要最小限の自衛力も当分認める、そういう立場を取るには、政治的マニフェスト説の今日的意義を再検討しなければならない——。

「政治的マニフェスト説」は、高柳賢三東京大名誉教授が一九五〇年代に唱えました。九条が平和の意思を表明した国際的政治宣言(マニフェスト)、つまり政治的理想を示す規範であって、為政者を法的に拘束する規範ではないという見解です。

高柳は一九五〇年代後半、憲法改正を目指す自民党政府から請われ憲法調査会の会長に就任し、審議終盤で意見書を提出しました。それは自民党の思惑に反して「憲法改正不要」と断言する衝撃的なものでした。自説を逆手にとって、改正不要の結論を導き出したことになります。その胆力と識見には驚嘆すべきものがありました。

マニフェスト説は、九条から法的規範力をそぎ取る、九条の意義を弱くすると、批判の的になった時期もありました。しかし、マニフェスト説によっても、九条には「戦争放棄・戦力不保持」という人類共通の普遍的理想を掲げて世界に発信する積極面があります。その理想の趣旨を国内政策にも及ぼして、国際情勢の緊張緩和の進展状況に応じ戦力削減を進めることに不合理はないはずです。

そのためには、九条の法的規範力論争をひとまず政治の現場で封印・棚上げする勇気も必要でしょう。「自衛隊は憲法違反だ」という意見が議場に飛び交うような状況では、政府・当局が責任を持って戦力削減を推進することも困難だからです。

芦部講演から四半世紀がたとうとしています。その示唆するところを再吟味し、政治の世界での活用を図る動きが出てくることを期待しています。

（二〇二〇年四月一日掲載）

なす・こうへい　一九四二年、長野県伊那市生まれ。芦部氏と同じく伊那北高、東京大法学部を卒業。一九六九年、弁護士登録。二〇〇六年から六年間、最高裁判事を務めた。未婚の日本人父と外国人母の間に生まれた子について、父母の婚姻を子どもの国籍取得の要件とする国籍法規定を違憲とし、国籍取得を認める判決などに関与した。二〇一二年からあさひ法律事務所顧問（弁護士）。著書に『民事訴訟と弁護士』『変革の中の弁護士——その理念と実践　上・下』（共編著）など。弁護士になって間もないころ、自らの論文を芦部氏に見てもらった。二〇一九年、芦部氏の著作を中心とする憲法関係の書籍四〇冊を伊那北高に寄贈した。

憲法制定権力

——冷笑的議論に対抗する説得力

木村草太
〔東京都立大教授〕

芦部先生の助教授時代の論文「憲法制定権力」(一九六一年)は、非常に優れていると評価され、米国留学中に博士号を申請されました。

憲法はどのような者によって制定されるべきかという問いを解明するのが制定権力論。この問題は、結局は力のある者が憲法をつくるのだから研究しても意味がない、というニヒリスティック(冷笑的)な議論に陥りがちです。正義とは力であるという単純な実力主義は、分かりやすいので人を引きつけるのです。

それは違う、という問題意識を芦部先生は強く持たれていました。この論文を収めた著書のはしがきに芦部先生はこう書いています。

「憲法に内在し、または憲法の背後に宿る普遍の法理念ないし政治理念の存在を認識しなければならない」

どんな内容であっても法であれば従わなければならない。そういう「悪法も法なり」という考え方に対し、憲法の背後にある個人の尊重や人権を守るという普遍的な理念は、憲法制定権力であっても逸脱してはいけないということを緻密に論じているのです。

現代は、現実に無理だから規範に意味はないという冷笑的議論が横行しがちだと私はみています。

例えば、森友学園、桜を見る会、検事長の定年延長といった問題で何かおかしいと思っていても、力のある人がいいと言っているのだから規範的におかしいと言ってみても仕方がない、というあきらめの感覚が広く観測されます。こうした素朴な現状追認の考え方は、単に駄目と言うだけではひっくり返せません。

芦部先生の論文は、議論の歴史をきちんとフォローし、丁寧に理論を積み重ねていくので、素朴な議論に対して強い説得力を持つのです。「憲法制定権力」というテーマを使いながら、それを超えて現状追認主義に対し、法の理念、正しさを追究する意味を語っているのです。

芦部先生は、憲法制定権力は国民が持つべきだと主張しています。安倍晋三首相は「憲法改正を私の手で成し遂げる」と言いますが、多くの国民がここを変えてほしいと望んでいるから、それを実現するお手伝いをしたい、という言い方でないとおかしい。

今、そういう国民のコンセンサスがある状況ではありません。首相は憲法改正条項の改正を言ってみたり、緊急事態条項の新設を言ってみたりと一貫性がなく、自らの中にさえコンセンサスがあるのか分かりません。

そして今度は自衛隊の九条明記。「憲法学者の七割が違憲と言っている」からという主張も真剣さに欠けます。

そもそも、自衛隊に憲法改正しなければ説得し切れないような強い違憲の疑いがあるなら、自衛隊を運用してはいけません。

本気で違憲論を問題にするなら、それを唱える憲法学者を説得しなければいけません。自民党の憲法改正推進本部に違憲論の学者を片っ端から呼んで、なぜ違憲と言っているのか、どうすれば説得できるのか調査、研究を積み重ねるべきなのに、やっていません。

芦部先生は、自分と立場が違っても説得しなければならない対象のことをきちんと調べ、自分に理論的な一貫性があるかも考え抜かれています。堅実な業績は、真剣な研究の持つ力を示しています。

（二〇二〇年四月八日掲載）

きむら・そうた　一九八〇年、横浜市生まれ。専門は憲法学。東京大法学部を卒業し、二〇〇三年から三年間、東大助手。首都大東京（現東京都立大）准教授を経て二〇一六年から現職。著書に『憲法という希望』『ほとんど憲法――小学生からの憲法入門　上・下』など。助手時代に高橋和之教授（現名誉教授）に師事しており、芦部氏の孫弟子に当たる。

憲法改正の限界

——戦争を体験 譲れない「人間の尊厳」

石川健治
〔東京大教授〕

日本国憲法が想定しているのは「立憲民主主義」である。大学のゼミで芦部先生が口を酸っぱくしておっしゃっていた言葉です。

私が出ていたのは、先生が後半生を懸けられた憲法訴訟論のゼミです。司法試験などにも頻出の論点のため、すごい人気でした。ただ、ゼミと同時に始まった受験生垂ぜんの雑誌連載では、私たちの期待を裏切って、前半生に取り組まれた原理的なテーマに力を入れられました。その意味を問う私に、先生はこう答えられました。

多数決の民主主義でも破れない「人間の尊厳」の原理というものがある。それを盛り込む憲法は、形式的に国内法の最高峰というだけでなく、実質的価値においても最高法規である。それを守るのが裁判所の役割であり、そのためにこそ憲法訴訟論はある——。

先生の表情に静かな気迫がみなぎっていました。

第一次大戦後のドイツで制定されたワイマール憲法は当時、世界で最も民主的とされました。けれども、そのただ中からヒトラーの独裁が成立し、ナチス・ドイツによるユダヤ人大量虐殺の悲劇を生みました。なぜ止められなかったのか。

このころの法学界は、ラートブルフに代表されるように、法的安定性を一番大事にしていました。いったん制定された法律を動かさないことだけに注力し、「悪法も法である」として内容を問いませんでした。

戦後、ラートブルフは自らの間違いを認めた論文を発表します。実定法を超えた価値(正義)があり、たとえ議会が制定した法律であったとしても、その内容次第では「悪法は法ではない」と言わなければならなかった、と。

この論文を読んだ青年時代の芦部先生は大きな衝撃を受けたといいます。自らの戦争体験と重ねたのでしょう。そういう立場から憲法学を根底からやり直そうとしたのです。憲法は「人間の尊厳」を頂点とする「価値の秩序」だと先生は説かれました。憲法は決して価値中立的ではなく、あらかじめ特定の価値にコミット(肩入れ)した法だということです。

価値観が多様であるべきだとしても、「人間の尊厳」だけは誰が何と言おうと譲れないものであることは、この戦争で明らかになった。それが芦部憲法学の根源にある考え方です。

その現れが芦部版の「憲法改正の限界」論です。憲法には改正手続きを定めた九六条があります。形式的には九六条以外どの条文も変えることができるはずです。しかし、九六条をもってしても変えてはいけないものがある。まずは人権規定であり、それと結び合う国民主権、平和主義です。

さらに、九六条を使って九六条自体を変えることも憲法の枠内では許されません。九条改正をもくろむ安倍晋三首相は、その前段階で、改憲の発議要件を衆参両院議員の「三分の二以上の賛成」と定めた九六条を改正し、改憲のハードルを下げることを主張しました。しかし、九六条の変更があるのは、それを用意した憲法制定権力が動いて、現憲法そのものの仕組みを壊したときに限られます。革命と同じことです。

多数決でもやってはいけないことがある。それが芦部先生の言う立憲民主主義であり、憲法改正の限界論なのです。

（二〇二〇年四月二二日掲載）

いしかわ・けんじ　一九六二年生まれ。専門は憲法学。東京都立大教授を経て二〇〇三年から現職。近著に『憲法を学問する』（共著）、『憲法訴訟の十字路――実務と学知のあいだ』（共編著）など。東大法学部三年の時、芦部教授のゼミに入った。芦部氏が翌春、定年退官したため東大での最後のゼミ生となった。二〇一九年、長野県の伊那谷を訪れ芦部氏の足跡をたどった。

「日本に憲法はあるんか」
――実態と構造を見よとの重い問い

遠藤比呂通
〔在野の憲法研究者・釜ヶ崎の弁護士〕

芦部先生が開拓した「憲法訴訟論」を学びたくて東京大四年の時、先生のゼミに入りました。論文を書いて助手に内定後、病気で一年留年しているうちに芦部先生は定年退官され、樋口陽一先生(現東大名誉教授)の助手になりました。憲法訴訟論は一貫して研究しました。
東北大の助教授をしていた一九九五年夏のことです。ある研究会の帰りに初めて釜ヶ崎(大阪市西成区の日雇い労働者街)を夜訪れ、衝撃を受けました。何十人もの人が路上に寝ていて動かない。そこを誰も気に留めないで歩いていく…。
案内してくれた日雇い労働組合の委員長に「おまえ何の仕事しているんだ」と聞かれ、「東北大で憲法を教えています」と答えると、こう言われました。
「日本に憲法はあるんか」

この言葉がだんだん自分の中で重い問いになっていきます。

翌年、大学を辞め釜ヶ崎で炊きだしの手伝いをしたり、鉄筋工の見習いをしたりしているうちに請われて、一九九八年に釜ヶ崎近くに法律事務所を開きました。当時、大学で法律学を五年以上教えていれば弁護士資格を得られたのです。釜ヶ崎で月一回の無料法律相談も二一年間続けました。

この間に起きた最大の事件は二〇〇七年、釜ヶ崎解放会館（日雇い労働者の支援施設）などに住民登録をしていた二〇〇〇人以上の住民票が、本人の同意なしに大阪市により抹消されたことです。居住実態がないという理由です。

「生活の本拠」が飯場（作業員宿舎）やドヤ（簡易宿泊所）にしかない労働者は、仕事がないときに失業手当をもらうのに必要な手帳の発行を受けるため、会館などに住民登録していました。住民票が消されたことで選挙権も奪われてしまいました。

これは「権利を持つ権利」の喪失で、まさに「日本に憲法はあるんか」です。

また、テントで路上生活している人々は、不法投棄されたごみと同様に、裁判なしの行政代執行で排除されてきました。長年の闘いで、最近は行政がホームレスの「占有」を認め、明け渡し訴訟を起こすように変わりました。そこに人が生きて暮らしているということがようやく認められたのですが、行き場のない人々を追い立てることは不当です。

すべての人に人権がある。そう主張することが間違っているわけではない。問題は、何のため、誰によってかです。総理大臣が靖国神社参拝で信仰の自由を主張するためではなく、社会で人間として扱われない人のためにあるのです。路上生活する人々に対して「あんな所にたむろしやがって」という追い出しの社会通念が支配する中で、人が人であることを叫ばなければならない。そのために人権はあります。

人権はいわば切り札。切り札を切るには、個人ではどうにもならない社会の構造悪の実態を見なければならない。憲法訴訟で芦部先生が唱えた立法事実論です。原告だけでなく、同じ立場にある人たちの実態、構造を見ないで裁判しないでください、ということです。

芦部先生が身をていして教えてくれたのは、実態を踏まえず社会通念だけに基づく裁判に、どう風穴をあけるかということでした。

(二〇二〇年四月二九日掲載)

えんどう・ひろみち　一九六〇年、甲府市生まれ。東京大法学部で芦部氏の最後のゼミ生。卒業後三年半、同学部助手。一九八七年、東北大助教授(憲法学)。一九九六年に辞職、大阪市西成区に移り住み、弁護士登録。西成法律事務所を開業し、日雇い労働者の無料法律相談も手掛けてきた。著書は『希望への権利――釜ヶ崎で憲法を生きる』『人権という幻――対話と尊厳の憲法学』など。一九九三年と九四年、「憲法訴訟」をテーマに芦部氏と対談。出版の予定だったが、東北大を辞めたことで中止になり、対談内容は世に出なかった。

番外編

二つのスクープ

信濃毎日新聞

2019年（令和元年）8月22日 木曜日

辰野のにぎわい 鍵探る

戦死者祭る県護国神社

支援組織会長に阿部知事

寄付集めにも名前

「政教分離違反」

「個人としての活動」

日韓対立 緩和見えず

外相会談 徴用工・輸出規制 平行線

2019年8月22日付信濃毎日新聞朝刊1面.

信濃毎日新聞

憲法記念日

2019年（令和元年）5月3日 金曜日

日本国憲法施行72年 関連記事

靖国懇談会 議事録が存在

芦部氏らの違憲論脇に

内閣官房 本紙の情報公開請求で開示

中曽根元首相の公式参拝前提か

強引な進め方

2019年5月3日付信濃毎日新聞朝刊1面.

ここでは本編に関連する二件のスクープについて、実際の記事を一部加筆修正のうえ収録し、あわせて報道の経緯も紹介したい。まずは、憲法記念日の二〇一九年五月三日付信濃毎日新聞に掲載された「靖国懇」議事録に関する報道、次に、同年八月二二日掲載の長野県護国神社への県知事の関与をめぐる報道を振り返る(ともに前ページ紙面の図版参照)。後者の続報を受けて執筆した九月一三日付コラムもここにおさめた。

1　靖国懇議事録は存在した

第4章「国家と宗教」で述べたように、新聞連載中、これまで作成自体が不明だった「靖国懇」議事録の開示請求を行なった。内閣官房による開示決定を受けての信濃毎日新聞記事内容をはじめに紹介する(「靖国懇談会　議事録が存在――芦部氏らの違憲論脇に」二〇一九年五月三日付)。

内閣官房　情報公開請求で開示

中曽根康弘内閣の一九八四年から八五年にかけて開催された官房長官の私的諮問機関「閣僚の靖国神社参拝問題に関する懇談会」(靖国懇)の議事録が存在していたことが二〇一九年五月に分かった。議事録は当時の国会で公開を求められたが政府は非公開が前提の会議として応じず、作成されたかどうかも不明だった。信濃毎日新聞が情報公開法に基づき内閣官房に開示請求していた。議事録からは委員の憲法学者、芦部信喜氏らが憲法の政教分離の観点から違憲論を主張したにもかかわらず脇に追いやられ、公式参拝を政府に促す結論に向かう過程が浮かぶ。

懇談会は各界を代表する一五人の識者が、戦後初めて首相らの靖国神社公式参拝の是非を本格的に検討した。開示議事録について、渋谷秀樹・立教大大学院教授(憲法)は「初めて見る資料だ。憲法に関わる政府の重大な意思決定のプロセスを知ることができ、非常に意義深い」と話している。

開示されたのは、二一回の会議のうち第二回から第一二回まで一一回分の議事録で計六四四ページ。その他の回の議事録は探したが見つからない「不存在」としている。

議事録によると、第二、三回は事務局配布の資料説明とその質疑が中心で、第四回から自由討論に。芦部氏は「公式参拝が憲法上許されるかという点に重点を置いて検討すべき」と議論の進め方を提案。第七回で「憲法二十条〔政教分離の原則〕の解釈としては閣僚の公人としての参拝には大きな疑義がある」と違憲論を展開する。

このほか同回までに憲法学者の佐藤功氏、元最高裁判事の横井大三氏、作家の曽野綾子氏が違憲または政教分離違反と主張しているのが確認できる。

第七回では、この懇談会で統一見解を出すのか委員に問われ、事務局の藤森昭一官房副長官は「一つの結論を多数決等の方法によって出していただくということが必ずしも期待されているわけじゃなしに」と答えている。

ところが、事務局が作成し、同回の最後に説明した論点案はこれらと異なる方向性が示されている。

最初に議論するのは「公的立場にある者の戦没者の慰霊・追悼」で、憲法問題はその後に置かれた。さらに「結論的な論議」として「閣僚の靖国神社参拝はいかにあるべきか」と、参拝を前提としたような柱が立てられていた。

第九回で佐藤氏が「結論が最初に出てきてしまっている」と異議を唱えるが、元内閣法制局長官の林修三氏〔座長代理〕が「公的立場のものがそこ〔靖国神社〕に行く形式自身として何らかの方法があるか……そういうところから〔議論を〕始めてもいい」と答える。

事務局は論点案の修正を重ねるが基本的な柱立て、順番は変わらなかった。

懇談会は初会合から一年後の一九八五年八月九日、報告書をまとめ藤波孝生官房長官に提出。津市の地鎮祭訴訟最高裁判決を引き合いに「政教分離原則に抵触しない何らかの方式による公式参拝の途があり得る」と指摘。「〔政府は〕公式参拝を実施する方途を検討すべきである」と結論付けた。芦部氏らの違憲論は「付記」にとどまった。

これを受け六日後の終戦記念日、中曽根首相は戦後の首相として初めて靖国神社公式参拝に踏み切った。

北海道大・上智大名誉教授〔憲法〕の高見勝利氏は次のように語る。

靖国懇は私的諮問機関として自由に議論し、一定の方向付けをしたり結論を出したりするものではなかったはずだ。しかし、議事録を読むと、途中から事務局が論点案を出す形で結論を誘導していく様子が見て取れる。強引な進め方だ。中曽根首相はこの報告書を受けて靖国神社に公式参拝したが、靖国懇がオーソライズ〔正当化〕したとは言えない。

そもそも靖国神社は、一八六九年、戊辰《ぼしん》戦争で死亡した官軍兵士の慰霊のため東京・九段北に創建された東京招魂社を前身とする。一八七九年に靖国神社と改称。その後の日清・日露戦争や日中戦争、太平洋戦争で戦死した軍人、軍属ら約二五〇万人を「英霊」として祭る。終戦まで軍直轄の神社で、国家神道の精神的支柱だった。戦後に宗教法人化された。

戦争の反省から日本国憲法は国とその機関の宗教的活動を禁じている。閣僚の参拝は違憲との指摘があるが、中曽根氏の後も小泉純一郎氏、安倍晋三氏などの首相が参拝。そのたびに違憲訴訟が起きている。戦争指導者「A級戦犯」が合祀されており、旧日本軍に侵略された中国や植民地化された韓国が首相らの参拝に強く反発してきた背景がある。

議事録の半分は不存在　理由は「不明」

中曽根首相が一九八五年八月、戦後の首相として初めて靖国神社を公式参拝する根拠になった靖国懇の報告書。長年非公開で、その存在すら不明だった議事録を内閣官房が開示し、議論の詳細な経過が分かるようになった意義は大きい。

ただ、開示されたのは議事録のほぼ半分で、残りは「不存在」。情報公開法(二〇〇一年)や公文書管理法(二〇一一年)が施行される前の時代とはいえ、国民共有の財産である公文書の管理のずさんさを映し出している。

中曽根氏が公式参拝した後の一九八五年一一月、衆院外務委員会。野党議員が靖国懇の審議の内容を国民に公開して納得を得るよう迫った。しかし、政府側は、会議は非公開となっているとして応じなかった。その後も議事録は公開されてこなかった。

二〇〇七年に国立国会図書館が『新編　靖国神社問題資料集』を刊行するに当たって靖国懇関係の資料を内閣官房に問い合わせたが「存在は確認できていないとのこと」だったという（春山明哲「解題」）。

今回の議事録開示請求に対し内閣官房は二カ月かかって開示決定した。だが、その対象は二一回の会議のうち第二～第一二回で、第一回と第一三～二一回は「不存在」だった。

内閣官房副長官補室によると、書庫の中を探したところ、一回ごとに冊子状にした議事録が一一冊見つかった。情報公開法の基準に基づいて審査した結果、不開示情報に該当しないと判断した。残りの一〇回分の議事録は見つからず、廃棄したかどうかも含め「ない理由は分からない」としている。

国会図書館は『靖国神社問題資料集』刊行のための調査で、関係者の協力を得て靖国懇委員だった憲法学者、佐藤功氏の遺品から当時、委員に配られた「議事概要」などの資料を発見。遺族からの寄贈を受け資料集に収録した。「概要」は事務局が各回の議事を発言者の名前なしに要約したものだ。

それによると、第一三回以降、公式参拝の憲法適合性を巡って激論が交わされたり、政府に公式参拝を促す結論を盛った報告書案が変遷したりしているのが分かる。

こうした部分の議事録がないというのは、不自然を通り越して作為的とみられても仕方がないのではないか。

公文書管理に詳しい瀬畑源《はじめ》・成城大非常勤講師(日本近現代史)は、この議事録が「日中・日韓問題、戦争責任問題を考える上で最重要資料」と指摘。「結論に至るプロセスに意味があり、それがまとまって残っていなければ、当時の政策の正当性を証明できない。きちんと管理されていないのは歴史に対する責任と国民への説明責任の放棄だ」と話している。

＊

以上、第一報を振り返ってきたが、議事録がなぜ半分しかないかは今でも謎のままだ。

そもそも後半の議事録は作られていなかったのか。これは二〇一九年五月の参議院総務委員会で内閣官房内閣参事官がこう答えている。

「開示した第二回から十二回の議事録が存在していることなどを踏まえますと、現在保有していない議事録についても懇談会開催当時は作成されたものと推測されるわけであります」

議論を内閣官房が要約し、発言者を伏せた「議事概要」が全回分作成されたことも考え合わせると、議事録の後半部分も作成されたとみるのが自然だ。

そうだとすると、後半部分は廃棄されたか、何者かが持ち去ったか、あるいは存在するのに隠しているかのいずれかしかない。

靖国神社公式参拝の憲法適合性が激しい議論になりながら参拝容認の結論に向かう後半部分がないのは、あまりに不自然だ。私は二〇一九年五月、行政不服審査法に基づき内閣総理大臣に審査請求し、八月、総務省の情報公開・個人情報保護審査会に諮問された。内閣官房は「原処分(一部開示、一部不存在)の維持が適当」だとして次のような理由説明書を審査会に提出した。

「議事録は、議事概要や報告書の作成に利用され、その事務が終了した後に適宜廃棄されたと考えられ、本件開示文書は、廃棄漏れとなった一部の議事録が公文書管理法等制定後も行政文書として把握されずに残存していたものと考えられる」

論理を逆転させている。つまり、保存していた一部がなくなったのではなく、廃棄が通常で、たまたま一部が漏れて残ったというのである。

そうだとすると、なぜ議事が後半に入ってから廃棄が始まったのか、その時点でなぜ、さかのぼって廃棄しなかったのか。疑念はむしろ膨らむ。

私は「不都合な文書が隠された疑いが拭い切れない」という意見書を提出。審査会は二〇二〇年七月、内閣官房の説明に「不自然、不合理な点は認められない」とし、「本件対象文書(開示文書)の外に開示請求の対象として特定すべき文書を保有しているとは認められないので、本件対象文書を特定したことは、妥当であると判断した」と答申した。自ら内閣官房を調べることなく、その説明に全面的に依拠した結論に納得はできない。

2　自治体トップと護国神社――政教分離はいま

次の記事を書くきっかけは、殉職自衛官の護国神社への合祀拒否訴訟を取材したことだった。訴訟の内容や芦部氏の関わりは第4章「国家と宗教」で触れたので省略する。原告の支援者たちは今でも最高裁判決の日前後に山口市で抗議集会を開いている。二〇一九年六月の集会を見に行き、支援者からこんな話を聞いた。

山口県では知事が護国神社例大祭に公務で参拝しているのにメディアは何も反応しない――。護国神社はいわば靖国神社の地方版。所在地の県出身戦死者を「英霊」として祭る。確かに公式参拝を巡っては靖国神社ばかりがメディアで取り上げられ、護国神社参拝を扱った報道を私は見聞きしたことがなかった。

長野県の阿部守一知事は民主、社民両党の推薦で初当選(二期目から自民、公明が相乗り)している。山口のようなことはないだろうが、念のためぐらいの気持ちで県を取材して驚いた。知事は護国神社崇敬者会の会長を務めているので、これまで三回の例祭(四月三〇日)に出席している――。護国神社の地元、松本市に聞いてみると、「市長に例祭の案内は来るが、政教分離の原則を踏まえ、出席していない」と答えた。同じ首長でも対応は分かれた。

阿部知事の護国神社への関わりは例祭への出席だけではなかった。独自に入手した鳥居修復の寄付募集趣意書には、崇敬者会長として阿部氏が名を連ね、「県民の皆様の幅広い御協賛」を求めていた。

前置きが長くなったが、こうした経緯から二〇一九年八月二二日付で次のような記事を書いた(「戦死者祭る県護国神社　支援組織会長に阿部知事」)。

県護国神社　寄付集めにも知事の名前

阿部守一知事が長野県護国神社の支援組織「崇敬者会」の会長を務め、鳥居修復の寄付集めの趣意書にも名を連ねていたことが二〇一九年八月、分かった。四月の同神社例祭にも過去三回、出席・参拝していた。知事は「個人としての活動だ」としているが、複数の憲法学者や弁護士が憲法の政教分離原則に反すると指摘しており、論議を呼びそうだ。

明治憲法下、国家と神道が結び付いて戦争遂行を担った反省から現憲法は二〇条で、国(地方自治体を含む)とその機関の宗教的活動を禁止。八九条で宗教組織への公金支出などを禁じ、政教分離を徹底させている。

県護国神社によると、崇敬者会は神社の活動を物心両面で支援する組織。事務局は神社が務めている。阿部氏は一期目の二〇一一年四月に会長に就任した。

県護国神社では二〇一七年一〇月の台風で第二鳥居、二〇一八年九月の台風で脇鳥居がそれぞれ倒れた。老朽化した第一鳥居を含め総事業費七〇〇〇万円の修復事業を計画。「県民の皆様の幅広い御協賛」を求める趣意書に、知事は崇敬者会長として宮司らとともに名を連ねた。

県護国神社は、崇敬者会の会長には田中康夫氏以外の歴代知事が就任しているとするが、県秘書課は「過去の知事のことまで把握していない」としている。

阿部知事は「個人としての活動だから信教の自由の範疇《はんちゅう》だと考えている。〔崇敬者会の会長は〕個人として引き受けているので、政教分離に違反するような行為をしている認識はない」と話している。

これに対し、高見勝利・北海道大名誉教授は「たとえ憲法上信教の自由があると私人の立場で引き受けたとしても、宗教法人である護国神社の宗教的活動を一体となって支える崇敬者会の会長を兼務することは、県を代表する知事と護国神社との結び付きを象徴するものだ」と指摘。そのため「護国神社とその宗教活動を援助、助長、促進する効果があり、憲法の政教分離原則に違反すると考えられる」と話している。

また、阿部知事は四月三〇日に行なわれる神社例祭に二〇一六、一八、一九年に出席。参拝し、祝辞を述べた。玉串料を納めたり、記帳したりはしていない。

県秘書課によると、例祭出席は公務ではなく、秘書課員は随行せず、公用車も使っていない。

矢島基美・上智大教授は「私人といっても護国神社の崇敬者会の会長である知事が例祭に出席、参拝し祝辞を述べるのは、県民に神社との特別な結び付きがあることを印象付け、宗教活動を援助、助長することになる。控えるべきだ」と警告している。

県護国神社の地元、松本市は「市長に例祭の案内は来るが、政教分離の原則を踏まえ、出席していない」(秘書課)としている。

護国神社は靖国神社と同様、戊辰戦争以降の戦死者などを「英霊」として祭る。一九三九年、各地の招魂社が護国神社と改称した。戦後、神道指令により宗教法人になった。長野県護国神社(松本市美須々《みすず》)は一九三八年創建。県出身の戦死者らを祭っている。

「個人としての活動」で通用するか

阿部知事が長野県護国神社を支援する崇敬者会の会長に就き、神社の寄付集めにも関与していたことは、憲法の政教分離原則との関わりで議論になりそうだ。知事は「個人としての活動だ」と強調するが、通用するのか。

地方自治体の首長と神社との関わりが裁判になった例としては、二〇〇五年に石川県白山市の当時の市長が地元神社式年大祭の奉賛会発会式で祝辞を述べ、政教分離違反に当たるかどうかが争われた訴訟がある。

名古屋高裁金沢支部は二〇〇八年、祝辞を述べた行為は「目的が宗教的意義を持ち、効果が特定の宗教に対する援助、助長、促進になる」として、憲法違反の判断を示した。

最高裁は二年後、発会式には観光振興的な意義があり、祝辞は儀礼的行為の範囲にとどまると合憲判断をした。

ただ、阿部知事の行為は奉賛会で祝辞を述べるレベルを超え、専ら長野県護国神社を支える目的の崇敬者会の会長に納まり、寄付集めの趣意書にも名前を連ねている。これは「特定の宗教に対する援助、助長、促進」ではないのか。

津市地鎮祭訴訟や自衛官合祀拒否訴訟など国家と宗教に関する裁判を担当した今村嗣夫弁護士は「国や地方自治体が直接、宗教に結び付いていなくても、特定の宗教の背後に影を感じさせること自体が政教分離の精神に反する」と指摘。崇敬者会の会長に知事の肩書を使っていなくても「多くの県民が知事だということが分かり、自治体の影を感じさせている」と話す。

愛媛県が靖国神社に玉串料を、県護国神社に供物料をそれぞれ支出していた問題の訴訟で最高裁は一九九七年四月、県が特定の宗教に関わり合いを持ったとして違憲判断を示した。

この判決を受けて、首長が神社との関わりに一線を画す動きが広がったが、阿部知事の対応は逆行していないか。

国家と神道が結び付いて軍国主義を支え、国民を戦争に駆り立てた。神社への参拝が強制され、他の宗教が弾圧された。このような歴史への反省から政教分離の原則が憲法に盛られた。

戦後日本を代表する憲法学者で東京大名誉教授、芦部信喜氏は先の大戦を経験し、政教分離に関し、こんな言葉を残している。

「二度と戦争を繰り返さないように、という戦没者の声なき願いを将来に生かし、平和と人権が守られる社会を築いていくためには、憲法の基本原則を固く守ることがどんなに重要であり、必要であるか」
政教分離の原点を問い直したい。

＊

ここまで信濃毎日新聞紙上での第一報を見てきたが、田中康夫氏以外の歴代知事が崇敬者会長に就任していたというのは、地元紙の本紙も長年、見過ごしていたことだ。

阿部知事は「個人としての活動」と繰り返している。だが、崇敬者会の会長職は知事だからこそ依頼されたのであり、歴代知事が務めていたことも考えると知事と会長は表裏一体だ。憲法学者だけでなく、長野県弁護士会も二〇一九年九月、違憲の疑いが極めて強いとする会長声明を発表した。

同様の問題が県内の他の自治体にもないか、報道部や支社局の記者が取材し、次々と明らかにしていった。掲載順に、護国神社例祭では「長和町長《ながわ》が公用車で参加」(八月二三日付)、上高井招魂社(須坂市《すざか》)例大祭(毎年五月)では「須坂市長が公費支出」(九月五日付)、「小布施町《おぶせ》・高山村《たかやま》も公費支出」(九月六日付)。

さらに、私の提案に応えて報道部の佐藤勝記者らが全国の護国神社などを取材。岩手、群馬、山梨、福井の四県でも知事が各県の護国神社の支援組織の会長に就いていることを明らかにした。また、自民党の世耕弘成《ひろしげ》参議院幹事長は経済産業相在任中も和歌山県護国神社の奉賛会長を務めたことが分かった(以上一二月二四日付)。

ただ四県の知事は、長野県の阿部知事のように神社への寄付募集活動の関わりはなかった。「個人として活動」「宗教的活動ではなく戦没者の慰霊」などと主張する首長たち。私はこれらの報道を受け次のような一面大型コラム(二〇一九年九月一三日付)を書いた。

宗教と結びつく「公」

知事が護国神社の支援組織「崇敬者会」の会長を務め、神社の寄付集めにも名を連ねていた。一部の市町村長は護国神社や招魂社の例大祭に公務で出席したり、代理に公費を支出させたりしていた。

次々と明らかになった「公《おおやけ》」と特定宗教との結び付き。戦前の歴史と憲法の理念が風化し、首長の感覚が鈍化していることを物語っていないか。

憲法の政教分離原則は戦争の歴史に深く根差している。

戦前、神社を事実上、国教化した国家神道の体制が確立。神社を参拝することが国民に強制された。国家神道は軍国主義・天皇崇拝の精神的基盤となり、侵略戦争が「聖戦」として正当化される根拠にもなった。

靖国神社のいわば地方版として整備された護国神社は、靖国と同様、戦死者を天皇のために命をささげた「英霊」として祭り、国民を戦争に動員する機能を果たした。

一方で、キリスト教など他の宗教の一部は、国家神道体制に反するとして激しい弾圧を受けた。敗戦を経て、ＧＨＱは、国家神道の廃止や政治と宗教の分離などを求める神道指令を出し、戦前の体制を断ち切った。これが今の憲法に政教分離原則が盛られることになったあらましである。

憲法二〇条は、「信教の自由」を無条件で保障するとともに、三項で「国（地方自治体を含むと解される）及びその機関」の「いかなる宗教的活動」も禁じている。さらに八九条で宗教団体への公金支出を禁止した。信教の自由を確保するためには、こうした徹底した政教の分離が必要なことを歴史は教える。

では、どういう場合に政教分離違反になるのか。

判例は揺れてきた面もある。その中で、愛媛県が靖国神社に玉串料を、県護国神社に供物料をそれぞれ公費支出していた問題で「違憲」とした最高裁判決（一九九七年）が厳格な判断基準を示したとして注目される。それは次のくだりである。

「一般人に対して、県が当該特定の宗教団体を特別に支援しており、それらの宗教団体が他の宗教団体とは異なる特別のものであるとの印象を与え、特定の宗教への関心を呼び起こすもの」

阿部守一知事が、県護国神社を物心両面で支援する崇敬者会の会長の座に納まり、神社への寄付募集にも関わったことは、まさに特別な「印象」を県民に与えたのではないか。他の宗教を信じる人は圧迫感を受けかねない。現に県内のキリスト教信者の間から不信感が聞かれる。

阿部知事は「個人としての活動」との弁解を繰り返している。「公」が自らの都合で「私」と使い分けていたら政教分離原則は空洞化してしまう。公職選挙法は公職にある者が選挙区内で寄付することを禁じているが、「個人としての寄付」という使い分けが許されたら法が成り立たないのと同じである。公人である以上、一般人にはない制約を甘受しなければならない。

護国神社と同じ起源の招魂社の例大祭に公費を支出した市町村長は、宗教的活動ではなく「戦没者の慰霊」と主張する。だが、先の最高裁判決はこうも述べる。

戦没者の慰霊及び遺族の慰謝は、特定の宗教と特別のかかわり合いを持つ形でなくても行うことができる——。

「地域の実情」という例外を持ち出すことも「いかなる宗教的活動」をも禁じた憲法の死文化につながる。

政教分離に対する軽微な侵害が、やがては思想・良心・信仰といった精神的自由に対する重大な侵害になることを恐れなければならない——。津地鎮祭訴訟の名古屋高裁判決は警告する。

戦争の反省が刻まれた憲法の要請に耳を澄ませ、粛然とけじめをつける。それが首長の務めではないか。

あとがき

子どものころ、不思議でならなかった。日本の憲法では戦争を放棄し、戦力を持たないのだと学校で教わった。それなのになぜ、戦車や戦闘機をたくさん持ち、戦争の訓練をしているのかと。

そんな小学生が毎日、芦部信喜氏の生家の前を通って学校に行っていたころ、東大教授になった芦部氏は、再軍備のための憲法改正案に強く反対する論陣を張っていた。

代表的著書『憲法』には、今の第七版に至るまで「現在の自衛隊は、その人員・装備・編成等の実態に即して判断すると、九条二項の「戦力」に該当すると言わざるをえないであろう」と書かれている。

これに対し、「自衛のための必要最小限度の実力行使は認められる」「自衛のための必要最小限度の実力は、憲法が禁じる「戦力」に当たらない」といった政府解釈がどんどん膨らみ、行き着いた先が、他国への攻撃に対しても自衛隊が武力行使できる「集団的自衛権」の行使容認である。そして今や、「敵基地攻撃能力」の保有まで求める意見が自民党内で上がっている。

「自衛のため」はそもそも、先の侵略戦争を正当化するために使われた。このまま行けば「戦争についての深い反省に基づいて」(前出『憲法』)、憲法の基本原理に採用された平和主義は吹き飛んで、「反省」前に戻ってしまうのではないか。

国のありようを示した憲法は、国民の誰が読んでも素直に理解できるものでなければならないと思う。政府に都合のよい無理な解釈を重ねてきた憲法が、多くの人に理解されるだろうか。私が子どものころに抱いた「戦力」の疑問は今も解けない。

戦争の悲惨さを身をもって体験した芦部氏は、日本国憲法の理想を忠実に社会で実現させるために奮闘された。芦部憲法学に触れることは、憲法の原点を見つめ直すことでもある。本書がその一助になれば幸いである。

本書の基になった信濃毎日新聞連載は、社内外の多くの皆さんに支えられた。社内では特に、早稲田大法社会学研究会で活動された編集委員、増田正昭さんに多くのアドバイスをもらい、デスクに出稿する前の原稿も見ていただいた。

社外では、芦部氏のご遺族の方々にご協力をお願いし、芦部氏の教え子の先生方にご教示を仰いだ。特に北海道大名誉教授、高見勝利さんの東京のご自宅には一〇回近くお邪魔し、稚拙な質問に一つひとつ丁寧に答えていただいた。大抵午後二時に伺い、気が付けば日がとっぷりと暮れていた。早大名誉教授の戸波江二さんはレジュメも用意されて〝個人授業〟をしていただいた。佐藤功氏の弟子の上智大教授、矢島基美さんには長野県出身という縁もあり、帰省された折に何度かお目にかかり、教えを請うた。

第6章のインタビューに登場した方々は口々に「芦部先生のことなら」と快く応じてくださった。芦部氏が広く尊敬されている証しであり、同じ信州人として誇らしかった。

本書が成るに当たって岩波書店の伊藤耕太郎さんが尽力され、原稿は堀由貴子さんから的確な指摘をいただいた。

皆さんのご厚意が今後の糧になったことを深く感謝申し上げたい。ありがとうございました。

二〇二〇年一〇月

渡辺秀樹

＊本書第1〜6章は信濃毎日新聞連載「芦部信喜　平和への憲法学」（二〇一八年六月二七日〜二〇年四月二九日、通算五五回）を、番外編は同紙掲載の関連記事（二〇一九年五月三日付、同年八月二二日付、九月一三日付）を、それぞれ加筆・修正の上まとめたものである。

主要参考文献

全　般

芦部信喜『憲法　第六版』（岩波書店、二〇一五年）
同『憲法　第七版』（岩波書店、二〇一九年）
同『憲法学Ⅰ　憲法総論』（有斐閣、一九九二年）
同『憲法学Ⅱ　人権総論』（有斐閣、一九九四年）
同『憲法叢説　一、二、三』（信山社出版、一九九四〜九五年）
同『宗教・人権・憲法学』（有斐閣、一九九九年）
芦部信喜先生還暦記念論文集刊行会編『憲法訴訟と人権の理論——芦部信喜先生還暦記念』（有斐閣、一九八五年）
樋口陽一、高橋和之編集代表『現代立憲主義の展開　芦部信喜先生古稀祝賀　上・下』（有斐閣、一九九三年）
高見勝利『芦部憲法学を読む——統治機構論』（有斐閣、二〇〇四年）
「特集　芦部憲法学の軌跡と課題」『ジュリスト』一一六九（一九九九年一二月一五日）号
「特別講義　憲法学四五年」『法学教室』一七四（一九九五年三月）号
伊那北高等学校同窓会『長野県伊那中学校・伊那北高等学校　創立七十周年記念継続事業　記念講演会記

録』（一九九五年）
杉原泰雄、樋口陽一編『日本国憲法五〇年と私』（岩波書店、一九九七年）
木下智史・只野雅人編『新・コンメンタール憲法』（日本評論社、二〇一五年）
田中二郎、佐藤功、野村二郎編『戦後政治裁判史録　一〜五』（第一法規出版、一九八〇年）
長谷部恭男、石川健治、宍戸常寿編『別冊ジュリスト　憲法判例百選Ⅰ・Ⅱ　第六版』二一七、二一八（二〇一三年一一、一二月）号
自由民主党憲法改正推進本部『日本国憲法改正草案Q＆A』（二〇一二年）
樋口陽一、小林節『「憲法改正」の真実』（集英社新書、二〇一六年）
全国憲法研究会編『日本国憲法の継承と発展』（三省堂、二〇一五年）
笹山晴生ほか『詳説日本史――日本史B』（山川出版社、二〇一三年）
佐藤信ほか編『詳説日本史研究』（山川出版社、二〇一七年）
木下康彦、木村靖二、吉田寅編『詳説世界史研究　改訂版』（山川出版社、二〇〇八年）
東郷和彦、波多野澄雄編『歴史問題ハンドブック』（岩波書店、二〇一五年）
高橋和之ほか編『法律学小辞典　第五版』（有斐閣、二〇一六年）

第1章　源流　伊那谷から（以下各章の文献はほぼ参考・引用順）

駒ヶ根市誌編さん委員会編『駒ヶ根市誌　現代編　上・下』（駒ヶ根市誌刊行会、一九七九年、一九七四年）
芦部啓太郎先生八十八年誌刊行委員会編『巌上松柏』（駒ヶ根市　芦部啓太郎先生八十八年誌刊行委員会、一九八四年）

芦部信喜「小学校の想い出」赤穂学校同窓会編『精美』一五号(一九八〇年)
同「向山雅重先生を追慕して」、堀江玲子「伊那谷のアララギ歌人　向山雅重先生」『信濃教育』一三四四
(一九九八年一一月)号
『アララギ』七九巻八(一九八六年八月)号
芦部信喜「先生の小学校教育の思い出」『向山雅重著作集　第四巻　山国の生活誌』(新葉社、一九八八年)
同「向山先生を偲ぶ」『信濃』四二巻九号(一九九〇年)
向山雅重『来し方の記――向山雅重の生涯』(向山清子、一九九九年)
伊那北高等学校同窓会外史編纂特別委員会編『そは血に燃ゆる若人の――薫ヶ丘外史』(一九九五年)
伊那毎日新聞社『天竜河畔に咲く桜　伊那北高校の星霜――伊那北高校写真集』(一九八三年)
臼井吉見『ほたるぶくろ』(筑摩書房、一九七七年)
『長野県伊那中学校・長野県伊那北高等学校七十年史』(長野県伊那北高等学校同窓会、一九九〇年)
小林直樹「僚友・芦部君への最終便」『ジュリスト』一一六九(一九九九年一二月一五日)号
『會誌』一七号(長野縣伊那中學校校友會、一九四〇年)
芦部信喜「学徒出陣」『法学教室』一五八(一九九三年一一月)号
堀江玲子『戦争と信州伊那谷の子ども』(信濃毎日新聞社、二〇〇五年)
芦部信喜「私の戦後五十年」『法学教室』一七四(一九九五年三月)号
『長野県史　通史編　九巻』(長野県史刊行会、一九九〇年)
北河賢三『戦後の出発――文化運動・青年団・戦争未亡人』(青木書店、二〇〇〇年)
芦部信喜「或日の出来事」『伊那春秋』五(一九四七年一二月)号(松崎書店、非売品、駒ヶ根市立図書館所蔵)

同「先生と戦後発行した雑誌の思い出」『伊那路』四〇四(一九九〇年八月)号
古関彰一『日本国憲法の誕生　増補改訂版』(岩波現代文庫、二〇一七年)
高見勝利監修「電子展示会「日本国憲法の誕生」」(国立国会図書館、二〇〇三年)
美濃部達吉「憲法改正の基本問題」『法律新報』七二八(一九四六年四・五月合併)号
笠原十九司「憲法九条は誰が発案したのか」『世界』九〇九(二〇一八年六月)号
「宮沢憲法学の全体像」『ジュリスト臨時増刊』六三四(一九七七年三月二六日)号
芦部信喜「宮沢俊義　徹底したリベラリスト」『法学セミナー』三〇一(一九八〇年三月)号
同「郷土と法学者(長野県)」『法学教室』一四〇(一九九二年五月)号
高見勝利「日本公法学者のプロフィール　宮沢俊義」『法学教室』一七二(一九九五年一月)号
同「憲法体制の転換と宮沢憲法学」『法学教室』一九四～二〇三(一九九六年一一月～九七年八月)号
尾高朝雄、碧海純一『ラートブルフ著作集　別巻　ラートブルフの法哲学』(東京大学出版会、一九六〇年)
A・カウフマン、中義勝・山中敬一訳『グスタフ・ラートブルフ』(成文堂、一九九二年)
深田三徳、濱真一郎編著『よくわかる法哲学・法思想　第二版』(ミネルヴァ書房、二〇一五年)

第2章　憲法改正と自衛隊

佐藤功「憲法改正論の系譜と現状」『ジュリスト』六三八(一九七七年五月三日)号
芦部信喜『憲法訴訟の理論』(有斐閣、一九七三年)
同『憲法制定権力』(東京大学出版会、一九八三年)
渡辺治『日本国憲法「改正」史』(日本評論社、一九八七年)

竹前栄治編著『日本国憲法・検証　第七巻――一九四五～二〇〇〇　資料と論点　護憲・改憲史論』(小学館文庫、二〇〇一年)
木下隆『憲法改正運動の歴史と実態』(教育社、一九七八年)
「特集　日本国憲法――三〇年の軌跡と展望」『ジュリスト臨時増刊』六三八(一九七七年五月三日)号
全国憲法研究会編『法律時報臨時増刊　憲法第九条の総合的研究』三八巻二(一九六六年一月)号
芦部信喜「日本國憲法改正の問題點」『國家學會雜誌』六八巻一・二(一九五四年九月)号
宮沢俊義「憲法調査会の発足をめぐって」『世界』一四二(一九五七年一〇月)号
芦部信喜「憲法改正問題の概観」宮沢俊義ほか『憲法改正』(有斐閣、一九五六年)
同「憲法改正論議」『ジュリスト』一三一(一九五七年六月一日)号
原彬久編『岸信介証言録』(毎日新聞社、二〇〇三年)
芦部信喜「改憲問題のゆくえ」『思想』四六四(一九六三年二月)号
同ほか「座談会　日本国憲法五〇年の歩み」『ジュリスト』一〇八九(一九九六年五月一日・一五日)号
深瀬忠一『恵庭裁判における平和憲法の弁証』(日本評論社、一九六七年)
同「芦部信喜先生と平和憲法の「憲法訴訟」と「改憲」問題」『ジュリスト』一一七一(二〇〇〇年二月一日)号
芦部信喜「恵庭判決の論理と意義」『法律時報』三九巻五(一九六七年四月)号
同「恵庭判決の問題点」『世界』二五九(一九六七年六月)号
同「憲法学を学ぶ」『法学教室』一一四(一九九〇年三月)号
中村睦男、常本照樹『憲法裁判五〇年』(悠々社、一九九七年)

「特集　長沼違憲判決」『ジュリスト』五四九(一九七三年一二月一日)号
福島重雄、大出良知、水島朝穂編著『長沼事件　平賀書簡――三五年目の証言　自衛隊違憲判決と司法危機』(日本評論社、二〇〇九年)
芦部信喜「憲法前文は理想にすぎぬか」『時事教養』四〇八(一九六八年五月上)号
丸山真男「憲法第九条をめぐる若干の考察」『世界』二三五(一九六五年六月)号
高橋和之、高見勝利ほか「戦後憲法学の七〇年を語る」『法律時報』九〇巻七(二〇一八年六月)号

第3章　人権と自由

芦部信喜『現代人権論』(有斐閣、一九七四年)
同『憲法訴訟の現代的展開』(有斐閣、一九八一年)
同『司法のあり方と人権』(東京大学出版会、一九八三年)
同『人権と議会政』(有斐閣、一九九六年)
同『憲法の焦点　基本的人権――芦部信喜先生に聞く』(有斐閣、一九八四年)
同『演習　憲法　新版』(有斐閣、一九八八年)
同『憲法判例を読む』(岩波書店、一九八七年)
山田隆司『戦後史で読む憲法判例』(日本評論社、二〇一六年)
芦部信喜「公務員と政治活動の自由」『法律時報』四七巻二(一九七五年二月)号
「猿払事件特集」『全逓時報』九九(一九六八年四月)号
芦部信喜「違憲判断の基準・方法と国公法の違憲性について」『国公労調査時報』八六(一九七〇年一〇

月)号
組合結成五〇周年記念実行委員会編『統計職組五〇年』(総務庁統計局・統計センター職員組合、一九九六年)
「猿払事件・総理府統計局事件判決全文」『法学セミナー』二三三(一九七五年一月)号
前川喜平、山田厚史『前川喜平「官」を語る』(宝島社、二〇一八年)
芦部信喜編『教科書裁判と憲法学』(学陽書房、一九九〇年)
芦部信喜「「あの戦争」を思う」『法学教室』九八(一九八八年一一月)号
家永三郎『教科書裁判』(日本評論社、一九八一年)
家永教科書訴訟弁護団編『家永教科書裁判——三二年間にわたる弁護団活動の総括』(日本評論社、一九九八年)
教科書検定訴訟を支援する全国連絡会編『家永・教科書裁判　第三次訴訟 高裁編 第六巻』(民衆社、一九九六年)
教科書検定訴訟を支援する全国連絡会編『検定に違法あり!——家永教科書裁判最高裁判決　判決全文収録』(青木書店、一九九七年)
芦部信喜「教科書訴訟と違憲審査のあり方」『ジュリスト』一〇二六(一九九三年七月一日)号
同「マスコミの倫理」『ジュリスト』五四〇(一九七三年八月一日)号
同「大学の自治と警察権」『世界』二一一(一九六三年七月)号
同「広義のプライバシー権　(一)〜(四)」『法学教室』一二九、一三一〜一三三(一九九一年六、八〜一〇月)号
高橋和之、長谷部恭男、石川健治編『別冊ジュリスト　憲法判例百選I　第五版』一八六(二〇〇七年二月)号
『ジュリスト臨時増刊　平成一五年度重要判例解説』一二六九(二〇〇四年六月一〇日)号

芦部信喜「生存権の憲法訴訟と立法裁量」『法学教室』二四(一九八二年九月)号
同「法諺散歩　法は事実から生ずる」『法学セミナー』二五五(一九七六年六月)号

第4章　国家と宗教

国立国会図書館調査及び立法考査局編『新編　靖国神社問題資料集』(国立国会図書館、二〇〇七年)
春山明哲「学術講演会　靖国神社と日本の近代」『社會科學研究』五五号(二〇〇九年)
阪田雅裕、川口創聞き手『「法の番人」内閣法制局の矜持——解釈改憲が許されない理由』(大月書店、二〇一四年)
田中伸尚『靖国の戦後史』(岩波新書、二〇〇二年)
中曽根康弘、伊藤隆・佐藤誠三郎インタビュー『天地有情——五十年の戦後政治を語る』(文藝春秋、一九九六年)
芦部信喜「靖国懇と私の立場」『ジュリスト』八四八(一九八五年一一月一〇日)号(『宗教・人権・憲法学』所収)
芦部信喜、奥平康弘「対談　靖国問題と憲法」『法律時報』五八巻一(一九八六年一月)号
「首相、靖国公式参拝固める」読売新聞一九八五年七月二六日付朝刊
「政教分離の歯止めに問題　芦部信喜」朝日新聞一九八五年八月一五日付朝刊
芦部信喜「自衛官合祀と政教分離原則」『法学教室』九五(一九八八年八月)号
中谷康子さんを支える全国連絡会編『「合祀」いやです——中谷康子さんの良心の闘い　自衛官合祀拒否訴訟の記録』(新教出版社、一九九三年)

今村嗣夫『こわされた小さな願い――最高裁と少数者の人権　自衛官〈合祀〉拒否訴訟』(キリスト新聞社、一九八九年)
芦部信喜「私的団体に対する人権規定の効力」自由人権協会編『人間を護る――自由人権協会創立五〇周年記念』(信山社出版、一九九七年)

第5章　象徴天皇制とは何か

横田耕一『憲法と天皇制』(岩波新書、一九九〇年)
渡辺治『戦後政治史の中の天皇制』(青木書店、一九九〇年)
吉田裕、瀬畑源、河西秀哉編『平成の天皇制とは何か――制度と個人のはざまで』(岩波書店、二〇一七年)
高橋和之「天皇の「お気持ち」表明に思う」『世界』八八九(二〇一六年一二月)号
同「天皇の「公務」をめぐる混迷」『法律時報』八九巻一二(二〇一七年一一月)号
『芦部信喜教授　憲法　第一部　第二分冊』(東京大学出版会教材部、一九八四年)
芦部信喜「国民主権と象徴天皇制」『法学教室』一〇五(一九八九年六月)号
同ほか「象徴天皇制の四二年と今後の課題」『ジュリスト』九三三(一九八九年五月一日・一五日)号
奥平康弘『「萬世一系」の研究　上・下』(岩波現代文庫、二〇一七年)
内閣法制局『憲法関係答弁例集(三)――天皇・基本的人権・統治機構等関係』(信山社出版、二〇一八年)
秋葉忠利『数学書として憲法を読む――前広島市長の憲法・天皇論』(法政大学出版局、二〇一九年)

第6章　インタビュー　芦部憲法学から現代を問う

樋口陽一『いま、「憲法改正」をどう考えるか』(岩波書店、二〇一三年)
宮沢俊義『憲法の原理』(岩波書店、一九六七年)
辻村みよ子『憲法改正論の焦点――平和・人権・家族を考える』(法律文化社、二〇一八年)
青井未帆『憲法と政治』(岩波新書、二〇一六年)
『放送問題総合研究会報告書』(放送問題総合研究会、一九八八年)
那須弘平「「憲法難民」の嘆き　前・後編」『自由と正義』六五巻一、二(二〇一四年一、二月)号
木村草太『自衛隊と憲法――これからの改憲論議のために』(晶文社、二〇一八年)
石川健治・山本龍彦・泉徳治編『憲法訴訟の十字路――実務と学知のあいだ』(弘文堂、二〇一九年)
遠藤比呂通『希望への権利――釜ヶ崎で憲法を生きる』(岩波書店、二〇一四年)

番外編　二つのスクープ

久保亨、瀬畑源『国家と秘密――隠される公文書』(集英社新書、二〇一四年)
瀬畑源『公文書管理と民主主義』(岩波ブックレット、二〇一九年)
田中伸尚『政教分離』(岩波ブックレット、一九九七年)
村上重良『国家神道と民衆宗教』(吉川弘文館、二〇〇六年)
白川哲夫『「戦没者慰霊」と近代日本――殉難者と護国神社の成立史』(勉誠出版、二〇一五年)

附録　「閣僚の靖国神社参拝問題に関する懇談会」（第七回）議事録

＊文章中、空白スペースを詰めたほかは原文どおり収録した。

閣僚の靖国神社参拝問題に関する懇談会（第七回）

一　日時　昭和六十年二月十二日（火）
　　　　午後二時～四時

二　場所　内閣総理大臣官邸　大食堂

三　出席者

（委員）　芦部信喜　梅原　猛　江藤　淳
　　　　小口偉一　小嶋和司　佐藤　功
　　　　末次一郎　鈴木治雄　曽野綾子
　　　　田上穣治　知野虎雄　林　敬三
　　　　林　修三　横井大三

（内閣）　山崎官房副長官　　藤森官房副長官

○**林座長**　それでは、閣僚の靖国神社参拝問題に関する懇談会第七回を開会いたします。本日は中村元委員だけが御欠席で、他の方々は全員御出席であります。ただ、政府側といたしましては、藤波官房長官と吉居内閣審議室長が国会の参議院の関係で余儀なきためこちらを欠席されます。吉居室長は向こうが済み次第こちらへ参りますということでございました。なお、山崎副長官はちょっと今用があって席を外しておられますが、議事に入ります。

さて、今日の議事の予定でありますが、事務局から本日の配布資料について説明をしていただき、それからフリーディスカッション、次いで今後の進め方についてどうするかということについての御相談をしていただくということで進めてまいりたいと存じます。

まず、森内閣審議官から本日の配布資料について説明をお願いいたします。

○**森審議官**　御説明申し上げます。今日は余り資料がございませんが、お手元に配布資料が二点ございまして、資料一は、例によりまして前回の議事概要でございます。三枚目でございますが、一番最後に四月までのスケジュールを、この間御相談いただきました結果を念のため掲げております。

それから、資料の二でございますが、「論点(仮案)」でございます。これは前回座長から先生方にお諮りしまして御了解をいただきまして、今後の御懇談を効果的にお進めいただくのに事務局の方で仮に作ってみろということで、過去六回の先生方のお話ですとか、前回の佐藤先生の論点のメモですとか、あるいは事務局からの説明ですとか、そういったものを振り返ってみまして、一応道筋を立ててみた程度のものでございます。なお、林座長、林修三先生には一通り御覧いただいております。この内容につきましては、簡単なものでございますけれども、後程今後の進め方の御相談の際に改めてこちらから触れさせていただきたい、かように考えております。

以上でございますが、なおお手元に袋の外でございますけれども、曽野綾子先生の方から先ほどちょうだいいたしましたもので三枚もののワープロで刷った紙がございます。これは総理並びに閣僚の靖国神社参拝に関する御感想ということで、曽野先生の方から後程御発言がおありになります。以上でございます。

○**林座長**　それでは、資料二につきましては後刻議題に供しましたときに改めて御説明を加えていただくことにいたしまして、今までの森審議官からのお話について特に御質問ございますか。

それでは、前回に引き続きまして、フリーディスカッションに入りたいと存じます。前回の自由討議の折、お話があらかじめございました鈴木先生、曽野先生外の方々から今回まず先に御意見をお述べいただきたいと存じます。また、御連絡を事務局にいただきました方々もございますので、まず鈴木委員、曽野委員、芦部委員、末次委員、田上委員と、そういう順番でお話を伺いたいと存じます。まだまだこの次もフリーディスカッションの機会がありますからお含みの上でございますが、なるべくお一人十分以内程度にしていただくと、座長の予定では二時から三時二十分頃までに自由討議をやって、それから四十分ほど論点の整理と今後の進め方についてやったら一番順序がよくいきますので、なるべくそんなお気持ちで御発言を願いたいと存じます。もちろん御発言が残りましたならば、あと次の回でやっていただいても結構でございます。
それでは、鈴木委員からお願いいたします。
○鈴木委員　私、意見はこの前申し上げましたので別に申し上げませんが、佐藤先生に質問なんです。この前お伺いしまして、非常に論理的なお話なんですが、例えば伊勢神宮とか明治神宮の参拝などについてもそういう問題が起こったときには、やはり全く同じように考えるべきなのかということを一つ質問させていただきたかったんです。
それからもう一つは、最近私のところに公式参拝は認めるべきじゃないということ、それからこういう懇談会をやること自身が非常にけしからぬという手紙が大変おびただしく来るんですが、その中の一つの論点として非常に大きく言っているのは、再び軍国主義が復活するということを必ず言っているんです。つまり、宗教的な問題と同時に軍国主義が復活して、昔のように神社の参拝が強制されるようになるんじゃないか、それから戦争賛美とかそういうことになるんじゃないかということで、どうも靖国神社問題に対する一つの反対の心理的背景にミリタリズムに対する反対、それが国民にも大いにアピールするんじゃないかといったような感じの印象を私受けるんですけれども、靖国神社の参拝と軍国主義の復活というのは現実的には関係がないんじゃないか、それを余りに過大に言うということは現在の状況と全く違うんじゃないか、日本の憲法自身が平和憲法でありますし、予算のときなんかもＧＮＰ一％を超えちゃいけないとか、いろんな論議があって、恐らく国民のほとんどすべての人が日本がそういうふうになることは好ましくないと考えているわけで、その点は少し行き過ぎで過大視しているんじゃないかという感じです。これは感想として申し上げるわけです。

それからもう一つは、その論理の中に公式参拝を認めるとほかの宗教が弾圧されて、神道というものに非常に大きな優先的な位置が与えられるといったような感じのことがありますけれども、そういうふうに果たしてみんな見ているんだろうか。私はキリスト教の信者でありますけれども、靖国神社がそうなったから肩身が狭くなるとか、それによって国民への宗教的弾圧が激しくなるというふうにはどうも思えません。それほど強いもんじゃないんじゃないか。これは感想ですけれども、そういうことを感ずるわけです。

それで私の質問は、何か靖国神社に非常に強い反対の焦点が当たっているようですけれども、他の伊勢神宮とか明治神宮に対しても、当然そういう論理からいけばやはり違憲だということになるんだと思いますが、それをちょっとお伺いしたいということが一点です。

それからもう一つは、これは官房長官はいらっしゃいませんけれども、この間国会で社会党が総理に対して、総理は非常に私的懇談会というのを幾つも作っている。想像すると自分の都合のいいような結論を出して、政治をやるのにいいようにするんじゃないかというような質問がありまして、それに対して総理の御答弁は、いやそういうことはない、懇談会に対して自分の都合のいいようなことを誘導するようなことは毛頭ないし、しかも懇談会の統一的な見解を望んで、それによって自分が拘束されるというようなことはないんで、どういうようなことが論ぜられたということを参考にしたいんだと、私はラジオですけれどもそういうふうに聞きました。そこのところは割合重要で、恐らくこの懇談会でも、こういう非常に難しい問題について統一見解というのは出ないんじゃないかと思うんです。そのときに無理にやるようなことにはならないし、そういうふうにしない方がいいと思いますけれども、懇談会の性格というのはたまたまこの間国会でも問題になりましたので、一応承知したい。これは座長にお答え願ってもいいんですけれども、その二点でございます。

○**林座長**　初めのは佐藤さんちょっとお答えを。

○**佐藤委員**　私が前回述べました意見からいたしますと、伊勢神宮、明治神宮などに閣僚がいわゆる公的資格で参拝するということは靖国神社の場合と同じ問題があると思うわけです。今までも新年や組閣の後で総理などが伊勢神宮に行かれておりますが、あれもあいまいですけれども、私的な資格で報告に行っているのだというふうに説明されているのではないでしょうか。ですから、やはり同じふうに考えているわけです。ただ、後の方で鈴木先生がおっしゃいましたように、靖国神社の場合はまた特別の問題があるものですから、靖国神社の場合ほどやかましく論ぜられていないように思いますけれども、しかし同じ問題があるということになります。

○**藤森副長官**　この懇談会の性格についてのお話でございますが、私的懇談会、諮問機関といわれるものが度々国会でも議論になります。それは特に国家行政組織法に基づく諮問的な、あるいは調査的な審議会というものは、同法に基づきまして法律または政令でこれを決めなきゃならぬということになっておるわけでございます。いわゆる私的諮問機関、あるいは私的懇談会というものはそういう形をとって置かれるものではなくて、そういう一つの組織体としての審議会あるいは諮問委員会というものでなしに、学識経験のある方々にお集まりをいただきまして自由に御意見を述べていただく、そしてそれを政府が政策を実行する場合に参考にさせていただくということでございます。したがいまして、基本的にこの懇談会において一つの結論を多数決等の方法によって出していただくということが必ずしも期待されているわけじゃなしに、それぞれの先生方の御意見がどういうものかということにより多くのウェイトがかかっているわけでございます。

もとより、望ましいのはそういうコンセンサスが得られればそれに越したことはございませんけれども、こういう懇談会の性格上、また事柄の性格上、必ずしもそういうことが容易でない点もあるわけでございます。したがいまして、いろいろな御意見があってしかるべきと思いますし、それをどういうふうに処理するかというのは挙げて政府の責任に任されていると、このように考えております。

○**林座長**　よろしゅうございますか。初めのところは私も佐藤先生のお答えにあった通りだと思うんですが、ただ風圧は少し違いますね。風圧の強さは違うんです。それはミリタリズムみたいなこととちょっと関連を持ちます点で、お伊勢さんや明治神宮よりも強いという点はございますでしょう。

それから二番目は、私の承っておるんでは法律に基づく審議会、委員会、調査会というものと違う点は、公に法律上認めたものでないことで、そういう調査会とか委員会とかいうのはまず一つの答申を多数決でも統一的意見を出すというものを原則とする。そうでないものもありますけれども。ところが、私的懇談会というのは文字通り懇談会であって、学識経験者がこだわりのない自分の良心に照らし正しいと見るところを意見を述べるというものであって、結論を一つにして答申を出すというものでないというところが私的と公的との違いだというふうに聞いております。しかし、もちろんそれをお願いになる大臣さんとか長官さんとかいう方は、やはりなるべくそれはここまではコンセンサスがあるとか、こういう点についてはコンセンサスがあるとかいうものをつかめば、今後の政治を決断する上においては非常にありがたいという気持ちは十分おありだろうと思います。

それでは、曽野委員からどうぞ。

○**曽野委員**　私は、こちらに一応ペーパーを三枚ほどのものにまとめましたんですが、それを読むような御説明を申し上げるという形でまとめさせていただきたいと思います。

こんなことを改めて申し上げることもないんでございますが、私はこちらの諸先生方と違って全く法律的知識を持たない一人のおかみさんでございます。それからまた一キリスト者でございますが、そのような一市民の立場から感想を申し上げたいということでございます。

まず、靖国神社が昭和二十七年に宗教法人として自ら申請を行ったということ、このことについてやはり私は責任を取るべきであって、そして神道による神社の形式を取っているわけですから、宗教を持たないところだとは言えないと思います。つまり、明らかに特定の宗教を持つ神社であると言わなければならないと思います。ですから、靖国神社に限り宗教色はなくてただ伝統的行事を行うんだ、そして慰霊を行う場所だということはちょっと無理のように思います。

したがって、第二でございますが、靖国神社に総理並びに閣僚が公的に参拝を行われるということは、違憲と私は考えます。

第三は、靖国神社は宗教法人として申請を行った時のことを考えまして、私は小説家でございますから、大変同情心があるつもりなんでございます。何とかして生きのびなければならない、どういう形を使っても靖国神社を保たなきゃいけないというので、やむなく宗教法人として申請を行われたというのでございましたならば、それはそれである意味で理解し得るので、今からでも靖国神社の境内においてあらゆる宗教に対して開放された祭儀が行われるような処置を講じていただきたいということです。その場合、今すぐ大鳥居を壊せとか社殿の形を何でもないものにしろとかいうふうには私は考えませんで、また運営も神道神官にやっていただくというのは構わないのですけれども、今のままでございますと、あそこでイスラムの礼拝を行うこともできません。キリスト教の祭儀を行うこともできませんので、明らかに特定宗教に偏っていると考えております。

それから、もし総理並びに閣僚の靖国神社参拝を公式のものとする、つまり公務についておられる方の職務となさった場合には、別の信教の自由の侵害のケースというのが起きてくる。この前ちょっと申しましたが、もし私が総理大臣になりまして、それでどうしてもお参りに行かなきゃいけないというとき、私はいい加減でもキリスト者でございまして、私のようないい加減なのですとどこへでもほいほいとお参りにまいりますけれども、もしこれが厳正な信仰をもっていらっしゃる方でございますと、それ以外の宗教の祭儀に強制的に参列させられるということになりますので、その人の信仰の自由を侵害するということになると思います。

五番目に、公人というのは私にはよく分かりませんけれども、いかなる公人と言えども人間の精神のある程度の部分より奥というものを公表することを強いられるとは思わないので、それで靖国神社の参拝というのはいわゆる公務につかれている方々のそれぞれの判断にゆだねるべきであって、御自分が例えば総理大臣として参拝しているのだとお思いになれば、そのときの総理がそう思われたらそれでよろしい。それを公表したいと思われたら公表されればいいことである。そして、マスコミの圧力があってよく言葉に出ますのが、公人として来たのか私人として来たのかという質問ですが、そういう場合は敢然とお答えをなさらないということがおできになると私は存じております。私はマスコミに相当困らされましたけれども、それはできるはずでございます。それはどうしてかと申しますと、二つそこに理由をAとBと挙げておきましたが、人間の心理を私人と公人に分けるということは筋が通っているようで、実は人間というものを不自然にいたします。それから第二の場合、これは極めて通俗的なことなのですが、公務と私の生活というものを分離する、あるいは時間的に分け切れないという場合がある。ここまでは公用車に乗っていってあとはタクシーに乗るとか、大変子供っぽいことになってまいりまして、玉串料というのはいくらか知りませんけれども、大したものではないと思います。それをポケットマネーから出そうが、あるいは御自由におなりになる公の費用からお出しになろうが、その個人の判断です。ただ、そのようなことを国民が知ればよろしいと思います。そして、いかなる応対をどこまでなさるかということを発表なさることによって、我々国民の方としては自由にその方個人並びにその党に対して判断をすればいいということです。先ほと鈴木先生がおっしゃいましたけれども、靖国神社参拝問題が軍国主義復活、軍備増強などに結び付くというのは、いささかやはりオーバーな考え方だと思われます。

それから地鎮祭のことについてちょっと触れましたけれども、私は土木の現場によくまいりますので、あれは非常に必要なものだと感じております。それは労務者の心理の安定のためにどうしてもしなければならないものだと思います。しかし、それはやはり建設業者が主催して公務員がそれに参加なさるという形であればよろしいが、参加というのは儀礼的でも何でも構わないのですが、その程度の参加の仕方で十分であろうと思われます。

それから、七番目の点でございますが、靖国神社は今のような状況でまいりますと、どんどんお参りする人が減ってくるということを靖国神社当局は御承知ではあろうと思うんです。というのは、私などは非常に素朴ですから、自分の目で見たことのある人、直系親族と申しますか、血のつながっているということをしみじみその人が生きている姿によって見たことのある人に対しては、ある程度の強い共感を抱くんです。まあ祖父母ぐらいまで、あるいはきっと孫ぐらいまではかなり親しいかもしれない。ですけれども、曽祖父母、更にその上ということになりますと、これは観念になってまいります。ですから、靖国神社の生命、国のために命を捧げてくださった方を祭ってある場所というもの感情の命というものが今のままのやり方でいくとだんだん減ってまいります。減っていって悪くもないんですけれども、私は戦争が終わったからといって国家・社会・同胞のために命を投げ出した人に対する感謝というものを忘れてはいけないと思いますので、そういう方々を遺族の希望がある場合には併せ祭っていくという必要があると思います。それをやる方が望ましいと思っております。そして、それはまた極めて教育的なことであるというふうに考えます。

それで八番目でございますが、つまり靖国神社が神社でない、宗教法人でなくなればよろしいんでございますが、今そういうことを言っても無理でございましょうから、私はかねがね、全く靖国神社と無関係な場所を作るべきであるというふうに考えておりました。私、今ここにちょっと不正確に千鳥ヶ淵の無名戦士の墓などと書きましたが、これは千鳥ヶ淵の戦没者墓苑というのだそうで、そこをちょっと御訂正いただきたいんでございますが、そこは大変霊域として美しいところで、私も年に一度や二度は必ず通り掛かりの際にお参りするのですけれども、そこは神社でもなく、ただ私どもが名も知らないのにも関わらず我々のために死んでくださった方々と魂の会話をするところとして非常にすばらしいところでございます。しかし、少し場所が狭すぎるということもございますし、今の日本の経済力等をもっていたしましたら、全く宗教と関係のない記念廟の設立というのが可能であると思います。記念廟と書きましたのは、この前からいろいろ諸先生方にお教えいただきました霊があるかないかということも重大な問題でございまして、うっかり慰霊碑などと言うと、お前は霊があると思っているのか、自分は要するにそういうものは信じないのだと言われると困りますので。ただ、やはり記念するということはだれにでも私どもにあると思います。そのような場所を設立いたしまして、そしてそのときに、はっきりと総理並びに閣僚、あるいは公務員の公式参拝というのを実現なされるようにと思っております。以上でございます。

○**林座長**　どうもありがとうございました。今の曽野委員の御発言について、今ここで御質問がおありでしたらどうぞ。
○**鈴木委員**　私は曽野先生ほどはっきりしていませんが、一つの解決策としてこういうことはどうかと考えたことがあるんです。これは若干無責任かもしれませんが、靖国神社が宗教法人の登録を自らやめる。それは現実的にはできないだろうと曽野先生のお話だったけれども、それが慰霊の中心であるということを喪失するよりはいいのかもしれません。それからもう一つは、神官が祭典の時にやるというんじゃなくて、ニュートラルな、例えば総理府の人がやるということぐらいで靖国神社の宗教性というものを薄めて、その程度ならいいというふうに考えられないものかと考えたこともあるんですが、今の曽野先生のあれは、今までのイメージというものを全部離れて記念廟を作れという意味で、それは確かに非常にいいのかもしれません。今のはちょっと感想です。
○**梅原委員**　大体私は曽野さんの考え方に同感するところが多いんですが、最後の八ですね、新しい場所を作ってそこで宗教に関わりのない記念廟を作る。ここのところが、先ほどおっしゃった記念廟と霊の鎮魂というのはちょっと意味が違うと思うんです。つまり、超宗教的に仏教も神道もキリスト教も含めて宗派を超えた霊の鎮魂の場所というようなものができないものかどうか。明治以前の日本の神道は仏教と大変仲がよかったわけです。平田神道が出て神と仏を分離してしまった。仏教と神道は本来神仏分離以前は大変仲良く鎮魂の仕事をしていたわけですけれども、そういうものがキリスト教が入るとちょっと違ってくるような感じがするんですけれども、今曽野さんのおっしゃったような霊の鎮魂場所ではなくて、記念廟となりますと、鎮魂の場所が落ちているような気がするんです。その辺をどう考えておられるでしょうか。
○**曽野委員**　私は、個々の解釈でいいというわけなんです。まず表向きは記念廟にしておいて、そこで祭儀を行うことは自由なわけです。ですから、そこに鎮魂を加える時には各団体が個々に加えていく。しかし、無神論者でもいいわけですね。無神論者もそこに行ける。信仰ある者もそこで祭儀を行うことができる。
○**梅原委員**　キリスト教もやれるし、仏教もやれるしということですね。

○曽野委員　はい。そして、私よく考えるんですけれども、靖国神社が宗教法人でなくなるということはまず不可能なことだと思います。靖国神社を変質させること、いじくることはもう気の遠くなるようなことだと思います。ですから、やはり新しい場所で、今ちょっと読み忘れましたけれども、私はやはり人命救助、安全確保などのために緊急時に働いた方々も含めて国家が何らかの顕彰を行うということが必要であろうと思います。そういう方を新しいそこのところに常に祭り続けていく。

○梅原委員　もう一つ、広島、長崎の亡くなった人はどうなんでしょうか。そこへ祭らない。

○曽野委員　もう何でも祭っていいんじゃないでしょうか。何でもというのはいけませんせんが。

○小口委員　曽野さんの言われた神官というのはないんですよ。今は神職でいいんです。

○曽野委員　そうですか。私分からないもので、どうもありがとうございました。

○小口委員　敗戦の結果公務員じゃなくなった。一部の一流の新聞なんかでも神官と書いているけれども、あれは間違いです。

○末次委員　曽野先生の一番最後のところで記念廟ができて何かやるという場合に、例えば遺族会が主催して神式で慰霊祭をやる、今の議論の延長として公式参拝をしなさいと言って総理を引っぱり出すとしますね、そこは靖国神社ではないけれども、神式による儀礼で型通りに行われるというと、前に述べられた違憲につながるんですか、つながらないんですか。

○曽野委員　それはその人がお選びになる。それでもなおなさるという方があれば、それはいたしかたない。

○末次委員　違憲ではあるが、やりたいというなら。

○曽野委員　そうでございます。それによって国民は判断するわけです。今の総理はそういう人だ、今の自民党の在り方はこうであると判断する。

○林座長　では、次に芦部委員から御発言願います。

○芦部委員　私はメモを用意してまいりませんでしたので、あるいは御迷惑かと思いますが、前回佐藤先生から今後の審議の進め方についてのメモが提出されまして、七つの主として憲法上の問題について御意見が述べられましたので、それに続けまして、私も若干の意見を申し上げて、今後の審議の御参考にしていただければと思いまして、本日一言発言させていただきたいと考えた次第であります。あるいは今日いただいた論点の後の方に出てくる問題かと思いますので、今日よりもあるいは後の方がよかったかなという気もしないでもありませんが、先ほど申しましたように、佐藤先生の御発言に続けるという趣旨でお聞きいただければと思います。

今後審議が必要な主要な項目は順序はともかく、私も佐藤先生が前回のメモで挙げられたようなものになると思います。諮問された事項が憲法問題ですから、戦没者の慰霊という、ほとんどだれしも否定しない国民感情、これはもとより十分考慮に入れて考えなければなりませんけれども、しかしそれと切り離して憲法の定める政教分離の原則の規範的な要求というものを確かめ、その趣旨を明らかにすることが極めて重要だと私は考えます。

個人的なことを申し上げて恐縮ですが、私も二年間兵役に服して、多数の友人知己を失いましたので、靖国に対する念は人後に落ちないつもりでおりますが、それと政教分離の原則とは区別しなければならないと考えているわけです。と申しますのは、日本の憲法の定める政教分離の原則は大変に厳格であります。そして、それには十分な理由もあります。もともと国家と宗教との関係は、これは申し上げるまでもございませんが、国により時代により大きく違いまして、国教を認めながら宗教の自由を保障し、国家と宗教との結び付きを種々の方法で限定している国も少なくありません。しかし、日本国憲法は国家と宗教を完全に分離して、相互に干渉しないというアメリカないしフランスの憲法の考え方をとっております。

前々回でしたか、江藤先生が憲法というものをどう考えるかということと関連して、アメリカ憲法の考え方を普遍的な原則と考えてはならないという趣旨のことを申されました。私もその点は全くその通りだと思います。ただ、政教分離の原則について、アメリカ憲法の取る考え方は普遍的なものではもちろんありませんが、イギリス的な考え方、イタリア的な考え方と並ぶ政教分離原則を考える場合の第三の典型の一つであると一般に考えられているものであります。ところが、アメリカ型と申しますと、国家と宗教とを徹底的に分離して両者の係わり合いを一切排除する主義のように一部で解されておりますが、それは大きな誤りで、アメリカ連邦最高裁判所も学説も国の宗教との係わり合いを一定限度まではむしろ積極的に認めております。そして、最高裁判所が一定限度まで係わり合いを認める際に用いてきた原則、これが前回佐藤先生がお触れになった目的効果の基準と言われる考え方であります。

津の地鎮祭の最高裁判決にもその趣旨が取り入れられておりますので、そこのところを少し読んでみますと、「我が憲法の前記政教分離規定の基礎となり、その解釈の指導原理となる政教分離原則は国家が宗教的に中立であることを要求するものではあるが、国家が宗教との係わり合いを持つことを全く許さないとするものではなく、宗教との係わり合いをもたらす行為の目的及び効果にかんがみ、その係わり合いが社会的、文化的諸条件に照らし相当とされる限度を超えるものと認められる場合にこれを許さないものと解すべきである」というくだりがその中心部分であります。

私が今日、急にこの目的効果の基準のことを持ち出しましたのは、この基準によって考えても閣僚の靖国神社公式参拝には憲法上大きな疑問があるということを申し上げたいと思ったからであります。前回、佐藤先生は審議の対象となる問題点として、神道神社は宗教かという問題に始まって、閣僚の公的参拝がなお違憲の疑いを否定できないとするならば、どのような対策が考えられるかという問題に終わる七つの項目を挙げられました。私も、問題点としてはほぼその通りになると思いますし、佐藤先生が前回御説明になられたように、日本国憲法二十条の解釈としては閣僚の公人としての参拝には憲法上大きな疑義があると考えております。

ただ、先生が御説明になった論議の筋道は、確かに日本の現在の憲法学界の多数説であり、私もその趣旨にはほぼ賛成ですが、一つだけ、この考え方はアメリカの目的効果の基準に関する最近の判例の極めて重要な動向についての理解が不十分であるように思われます。それは、日本の学界では目的効果の基準は国が福祉国家政策の一環として宗教団体、例えば私立学校に財政的な援助を行うような場合に限って用いられる基準だと考えられてきておりますが、必ずしもそうではなく、国が広く宗教団体に対して何か価値のある便益、または力を与えるような措置を取った場合に、それが憲法に適合するかどうかを判断する基準として用いられているからです。以前は、財政援助に関する事件が大部分であったものですから、それに限定されて用いられるルールのようにも解されたのですが、アメリカではむしろ国と宗教との係わり合いの是非を判断する場合の一般的なルールであると考えられているのではないかと思われます。

一例を挙げますと、昨年最高裁は、ロードアイランド州のある市が四十年以前も前から毎年後援で行ってきたクリスマスの展示の中にあるイエスの誕生を示す飾り物、あのクレーシュが政教分離に反するかどうか争われた事件で、目的効果基準を用いております。地方裁判所、高等裁判所も同じ基準を用いて違憲と判断しましたが、最高裁では五対四に意見が分かれて、多数意見も反対意見もやはり目的効果の基準を用いております。

そこで、目的効果基準とはどういう基準か。ちょっと理屈っぽい話で恐縮ですが、簡単に申しますと、次の三つの要件から成り立つルールです。第一は国の行為はセキュラー・パーパス、世俗的な目的でなければならないということです。第二は、国の行為の主要な効果が宗教を助長促進するものでも抑圧するものでもあってはならないということです。第三が国の行為は宗教との過度の係わり合い、エンタングルメントと言っておりますが、過度の係わり合いを助長するものであってはならないということです。以上の世俗目的、主要な効果、過度の係わり合いという三つの要件によって判断しよう、そのうちの一つでも違反するものがあれば憲法上許されないというのがこの基準の特色であります。

アメリカでは、一九四〇年代は国と宗教との厳格な分離、ストリクトなセパレーションの考え方が支配的でありました。しかし、それでは福祉国家時代の宗教の自由の保障としてはかえってマイナスの効果が生ずるというので、一九五〇年代は、宗教を理由に差別するのでない限り、つまり国が宗教に中立的な立場をとる限り、宗教団体に補助金交付などの援助を行っても合憲であるというストリクト・ニュートラリティー、厳格な中立性という考え方が判例の立場に変わっていきました。しかし、その結果中立性の名の下に国の宗教に対する財政援助が行き過ぎになる恐れが出てきましたので、それをチェックするために、第三の考え方として目的効果の基準が一九六〇年代の判例からだんだん使われるようになり、一九七〇年代の初期に、先ほどお話した三つの要件によって判断するルールとして確立するようになったわけであります。ただ、この基準の問題点は、それぞれの要件の中身をかなり厳格に絞ってもあいまいな点が残るし、具体的な事件に適用する際に判断に困難な問題も生ずるということであります。しかし、アメリカの判例と学説は、最近その要件をかなり厳格に絞ってきております。

津の地鎮祭判決には、この過度の係わり合いという要件は特に問題にされておりませんが、国と宗教との係わり合いが相当とされる限度を越えるものは許されない旨を述べている点に、過度の係わり合いの要件の趣旨を読み取ることはできるように思います。私は、アメリカの判例の理論がそのまま日本の憲法解釈にも妥当すると考えているわけではありませんが、目的効果の基準は日本のおける国と宗教との関係を考える場合に十分参考に値するものがあると思うのです。

その目的効果の基準によっても、閣僚の公式参拝に憲法上疑義があると申しますのは、特に過度の係わり合いの要件との関係からであるように思います。過度の係わり合いは、行為の性質と程度の問題ですから、何がそれに当たるか一概に申せません。ただ、過度の係わり合いは国の監督とか援助とかいうような行政上のエンタングルメント、係わり合いだけが問題なのではなく、象徴的な意味を持つ係わり合い、シンボリックなエンタングルメントが憲法解釈上は極めて問題になります。また、ポリティカル・ディバイシブネスとアメリカでよく言われるんですが、政治的分裂を引き起こすということ、それ単独では決め手になりませんが、これも考慮しなければならない重要な論点です。

靖国神社を憲法に言う宗教団体、宗教施設だと考えますと、かつて国家神道の一つの象徴的存在であったと思いますし、現在でも神道の象徴的存在ですから、閣僚が私人としての参拝でなく、公的に参拝するということ、この公的にというのはいろいろ意味があると思いますので、検討しなければなりませんけれども、私人としての参拝でなく公的な形で参拝するということは、シンボリックな係わり合い、シンボリック・エンタングルメントと思われますし、またそれによって引き起こされるポリティカル・ディバイシブネスという政治的な分裂の蓋然性、これは現在の日本の状況ではアメリカのある市が行ったクリスマスのクレーシュの場合とは比較できないほど明白で、かつ大きいものがあります。したがって、地鎮祭が合憲だからといって靖国の公式参拝が同じ論理で合憲になるわけではない。このように私は考えます。

ですから、純粋に私的私人としての資格でならばもちろん問題ないわけですが、もし国の行事としての戦没者慰霊と閣僚の公的参拝を検討するとすれば、先ほど曽野さんもお触れになりました、現状を改める何らかの新しい方法によらなければならないのではないかと考えております。

難しい憲法論をかなり要約して申し上げましたので、分かりにくい点があったかもしれませんが、佐藤先生の出された問題点を補充するという意味で発言させていただいた次第であります。御審議の参考にしていただければ幸いであります。

○林座長 ありがとうございました。芦部委員の今の御発言について差し当たり今すぐ御質問ございましたらどうぞ。

それでは、末次さん一つお願いします。

○末次委員 今芦部先生から、あるいは先ほど曽野先生から出ましたようなこの懇談会の核心に触れる部分ではなくて、私は周辺部の問題、それも先ほど鈴木先生からも若干お触れになったことと重複しますが、二、三の点について意見を述べたいと思います。

この間の佐藤先生、あるいは今芦部先生からもお話がありましたように、私も兵隊に行っておりましたから、多くの戦友を靖国神社にお祭りしているので、今でもほとんど毎月のようにお参りをしておるわけです。そういう立場と同時に、戦後私は戦後処理の仕事を長くやってまいりまして、抑留者の引き上げ促進であるとか、あるいは留守家族の援護、遺家族の援護、あるいは戦犯の釈放など、そういう問題ともろに取り組んできた立場から若干の意見を申し述べたいわけです。

第一は、この懇談会の始めのころいただきました関係団体の御意見を詳細に読んでみますと、遺族会や英霊にこたえる会、あるいは神社本庁などは公式参拝は当然やるべきであるという御主張でありますし、教派神道の場合もほぼ同じと思うのですが、仏教会の方は霊を弔うのに当たって選ばれた英霊だけに特別のことをしてはいけないという趣旨が折り込まれておりますし、戦前に戻ることへの警戒というようなことを強く主張しておられます。それから、新宗連の場合はいろいろありますけれども、戦前、例えば淫祠邪教として抑えられた背景に国家神道があったという一種の怨念から来るものがかなりあると思うし、キリスト教連合会の場合は、懇談会の存在を認めていないから協力しないということを前提にして若干の議論を展開しておられる。この前江藤さんから常民の常識といういい言葉を教えてもらったんですが、我々がそれをよくつかんでいくためという視野から見ますと、今の関係団体の御意見もそれなりに承るところはあるけれども、それをもって大きな流れというふうに規定することは危険であるという印象を強く持ったことが一つであります。

それから、二番目は、先ほど鈴木委員からお話がございましたが、軍国主義になるという意見が皆さんのところにも私のところにも随分来ておりますけれども、私の感想では、簡単に言えば靖国神社へ行ったことのない人の意見だなというふうに思います。日常的に参詣している人はやはり遺族ないしその関係者、あるいは戦友会関係というのが意図的に参詣している人の大部分でございまして、こういう人たちは、私を含めてやはり戦争で肉親を失い、戦争で親友を失った。間違って私など生き残ったわけですが、所を変えておればあの中に我々がいるわけですから、そういう意味ではイデオロギーとか観念論ではなくて、戦争の惨禍というのを一番よく知っているわけでして、そういう意味で戦争は二度と繰り返したくないという実感をだれよりも持っているのはこの人たちだと思うんです。それから、その方々が国のために死んだんだから何らかの形で国がこれに敬意を表するのは当然だという心情もそういう意味で理解できるわけです。

この前、佐藤先生は、中曽根総理が総理大臣たる中曽根康弘と言ったのは私人であることを表現したとおっしゃったんですが、私は実は逆に解釈しておりまして、今までの人のように私人と言わないで「たる」と言ったのは分けられないよということを言外に言っていると私は解釈したわけです。そういう人々がもともとは多いんですね。それから、初詣とか観光客が上京されて事のついでにお参りになるという場合は、明治神宮と靖国神社とそう区分して行っているわけではなくて、特に宮中参賀の二日の日などは、九段の方へ流れた人たちが道筋上靖国神社へお参りするというようなケースが非常に多いわけです。

私も何度か一緒にお参りしながら、若い連中をつかまえていろいろ感想などを聞いたことがありますけれども、非常に多くの部分が、感じとして言えば、明治神宮にお参りする人で明治天皇をお祭りしていることを知らない層の数と、靖国神社の場合とで言えば、まだこっちの方が英霊ということを知っている率が多かろうかとは思いますが、しかしそれほど意識的にお参りしているわけではない。しかし、そういう人々が拝殿の直前に掲げられている遺書の一部、抜粋されたものが必ずございますが、ここに意外と思うほど若い連中が群がって熟読しています。こういう連中をつかまえていろいろ感想を聞きますと、年齢がほとんど似ているということもございまして、人ごとではない感じで当時を追憶しながら、例えば自分にはできないとか、非常に深刻な意味でその犠牲者の英霊の心情に思いをいたしております。したがいまして、帰り道の心境としては、明治神宮のお参りを終えた人とは比較にならぬくらい戦争はいかぬという心情に燃えながら帰る人が多いわけでして、そういう実態を考えますと、イデオロギーを結び付けて短絡的に軍国主義に云々というのは、前回鈴木先生がいろいろ歯止めがあってそう簡単なものじゃないとおっしゃったのと併せて、靖国神社の意義というものを私は強く感ずるので、これはやはりしっかり認識しておかなければいかぬなと思うことの一つです。

それから、第二は国家神道の復活論ですけれども、いろいろお話が曽野先生からも出たように、靖国神社法が上程されましたところ、靖国神社はそういう形には賛成しかねるという公的な態度を明らかにしたわけです。私の知っているところでは、伝統的な今日行われておる神道の祭式を守る、第二には神社のたたずまいを変えない、第三は靖国神社の名前も変えない、したがってそれはできるはずがないという認識ですから、国家護持はいらない。むしろ国民総神道のような感じで支えられていきたいというのが私の理解している靖国神社の見解でございますから、したがって私が知っている範囲の神職の皆さんといろいろ話してみると、昔のような国家護持あるいは国家神道への道を考えている神職の人は私が話した限りではいませんし、そんなことをできると考えている人もいない。その点はむしろ先生方に御専門の立場から一般的にそうなのかどうか伺いたいと思うくらいでございますけれども、これまた大変短絡的な意見であって、それらが軍国主義とともにマスコミを通じてかなり誇大に影響力を持つ形に広がっていることは事実ですから、これに対しては、政府もそうでしょうし、遺族会なり関係者なりも、もっときちんとした対応、丁寧でかつ真剣な努力が必要であるのにという率直な感想を持っております。

それから、三つ目に大分前に横井先生からA級戦犯合祀の問題についてお話が出たのですが、先ほどちょっと触れましたように、私自身戦犯釈放問題などにも携わった経験から若干意見を申し述べておきたいと思うんです。横浜で行われたBC級裁判にしても、非常にそうそうの間に行われましたから、ケースの一つ一つに当たりますと誤判と言いますか、それは随分たくさんございまして、その是正の度にワシントンに行ったりしていろいろ動いたことがございます。結局判決を動かすわけにいきませんから、政治的配慮を加えてパロールの促進という形でその欠陥を補充するような動きもございました。それから、御指摘のA級については、私は日本人の立場から私自身も含めていろんな反省をする、あるいは当時の指導者に対する批判等をやるということはなくてはいけなかったし、これからも必要でしょうけれども、東京裁判でこう決まり、条約一一条でそれを守ることになっているからという横井先生の御指摘には、私は賛成しかねるんでして、そもそも初めに法ありきでしょうが、東京裁判はそうではない、事後法でさばかれたものでありまして、そういう意味ではどなたかのお話にあったように、歴史が審判することになるだろうと思うわけです。

それと同時に、靖国神社が総代会で合祀を決めたのは、記録によりますと昭和四十五年の六月だそうでありますが、これは佐藤先生が御指摘になったように、靖国神社自身が決めることであるという範疇に入るものでしょう。しかし、合祀の時期は宮司一任ということに当時なっていたそうでありまして、それを現在の松平宮司が五十三年十月に一任されたことの実行という意味で合祀を行った。横井先生はその点を御批判されましたけれども、もしそれを批判するなら、それより前に、例えば昭和二十七年の八月に未復員者給与法が改正されまして、ソ連や中国に戦犯という名前で抑留されている人々を、戦犯と向こうが言っておってもまだ復員していないのだから、当然留守家族の援護にまつわる復員法の中へ包括すべきだという法改正が行われて、その実行はさかのぼって行うようになりました。それから、二十八年の八月に、当時巣鴨にいた人を含めて受刑者として拘禁中に刑死、獄死した人の遺族に対して戦傷病者戦没者遺族等援護法の一部改正をして、いわゆる戦傷病者、戦没者と同様の援護の扱いをするということを決めまして、遺族年金及び弔慰金の支給をさかのぼってやるようにいたしました。その際はA級で処刑された、あるいは獄死された方も当然含まれております。更に二十九年六月に恩給法の一部改正がございまして、先ほど申し述べた遺族年金及び弔慰金、これは階級等の配慮は全くないわけですが、恩給法の一部改正では階級等に準拠した適用が行われるということがA級戦犯に対しても実行されているわけです。拘禁中の疾病等に基づく者もその中に含まれることになっておりまして、これは法を改正して、私どもはいわゆる戦争受刑者と呼んでおりましたけれども、それに対する処遇を一般化した。したがって、むしろこの段階にこそ御指摘のような問題があるとすればあるのであって、靖国神社を弁護するつもりはありませんが、宮司が一任でゆだねられていた合祀に踏み切ったのはこのような法的根拠があったからではないかと、こう私は考えているものですから、どなたかの御意見に死者をむち打つなというお話がございましたけれども、私はそのことが靖国神社を特別扱いをする理由となってはならないという感想を持っておりまして、少し意見が違いますけれども、その違うところを申し述べておきたかったんです。なお、核心に触れる問題は、いずれかの時期にまた意見を申し上げたいと思います。

○林座長　今の御発言について、ただ今特に御発言ありましょうか。また後でやっていただいても結構です。

それでは、田上委員、御発言いただけますか。

○田上委員　私は意見を申し上げるつもりでおったのでありますけれども、曽野委員が述べられたことに一応全面的に同感でございまして、余り貴重な時間を費して余計なことを申し上げるつもりはございませんし、また今のところは申し上げることがないのでございますが、強いて一言申し上げますと言うと、第一点は、靖国神社が宗教であるかどうかという問題があって、これは佐藤さんがこの前にお話になったように非常に明瞭でないというか、決めにくい問題であるということで、宗教であるともないともいずれとも断言しかねるような状況であると私も考えております。

しかし、この問題は前にある機会に申しましたように、宗教法人法の実施について文部当局が取っておる見解であって、申請者が宗教法人の登録を申請してきた場合に、宗教であるかないかということはみだりにというか、軽率には決めることができない。いわゆる淫祠邪教だというふうなことでもってある申請を却下するようなことはできない。だから、まず申請者自身がどう言うかによってそれを宗教と認めるか認めないか、つまり自分たちが宗教の実態を持っておる、だから宗教法人となる資格があるということを申請すればそれを認めるのであって、それに対してまともな批判を加えることは、かえって国家の立場で宗教の問題に介入することになるからすべきではないというような見解、私はそれを一応もっともだと考えているんでございます。

そう考えるというと、靖国神社は、今回の資料を拝見しますと、はっきりと神社神道の中に属するということを言っておるんでございますから、それは明瞭なように思うんでございますが、しかし、さて違った立場でもって宗教と認めていいかどうかということになると、やはり問題は残ると思います。だから、この点はこれ以上申しましても何も解決には役に立たないと思うんでございますが、神社当局が資料のように自分たちのお祭りは宗教であるということを言われる以上は、我々は一応憲法の問題として政教分離に反するんではないかという結論が出るのであります。しかし、その点も私は若干の疑問の余地はあると思うのでありまして、強いて靖国神社を宗教にあらずというふうに言う訳ではございませんが、とにかく重大なことで、簡単にそれを手掛かりとして解決することは困難である。宗教であるかないかが問題になる場合に、靖国神社に少なくとも形式的には神道のお祭りをできるだけ直していただく必要がある。そうしなければ、閣僚の公式参拝は憲法に反するんじゃないかと思います。

どの程度直すかということは問題でございますが、その点で今日曽野委員がおっしゃったような御提案は、非常に私も同感でございまして、何か過去の宗教と無関係な記念廟の建設というようなことが実行されれば、私はこれによって公式参拝も何も、閣僚の参拝の問題は自然に解消するものと考えております。これはしかし、そういう前提がございますから、現状において問題にならないという訳ではございませんが、そういうことが第一点でございます。神社当局が宗教でないといった場合には、問題は一応解消するんでございますが、現状ではそうじゃないので、できるだけ宗教という以上は神道の形式を直す必要がある。

私自身はプロテスタントの方のキリスト教でございますから、形式は余りそんなに深刻には考えません。ローマカトリックの方ほどには儀式とかそういう宗教の形式をやかましく考えるわけではございませんけれども、しかし、ものには程度がございまして、現状で現に靖国神社が宗教であるとおっしゃる以上は、やはり相当に外見上というか、一般の人が考えて宗教のお祭りとは違うということが納得できなければ、やはり憲法違反の疑いがあるというふうに考えます。

第二点は、軍国主義ということが事実かどうかは抜きにしましても、靖国神社が過去においてどのように深刻な感じを一部の人に持たせたかということについて、私自身はまだ余り確信を持たないのでございます。私自身も戦前は憲法学でもって、いろんな先生、先輩の方と、天皇機関説を巡って随分嫌なというか、苦しい経験も持っておるんでございますが、しかし刑務所に投獄されたという経験はございません。ましてそれ以上の刑罰なるものは何も受けていないので、未経験ということになると余り大きなことは言えないわけでございますが、私の知っているキリスト教の先生というか教職の方の中には、随分刑務所に投ぜられて苦しい目に遭った方があることを私は知っております。そういう経験があるかないかということがこの判断には随分影響があると思うのでありまして、靖国神社に反対するキリスト教徒の中には、本人がどこまで信じておるか存じませんが、靖国神社は軍国主義に凝り固まっておる、あるいはこれは一応国体の問題とも重なるわけでございますが、神道、靖国神社の立場から多くの国民に弾圧を加えたというふうなうわさがございます。これは恐らく靖国神社ではなくて、警察官とか軍部とか、あるいはその他の人が極端に右翼の立場から迫害を加えたんじゃないかと私は想像しておりますが、これは事実をつかんでおりません。しかし、そういうことがあるというと、これは閣僚の参拝についても慎重な態度を取らなければ、さっきの芦部委員がおっしゃったようなシンボリック・エンタングルメントというようなことを考えますと、とんでもない、公式参拝は違憲だということになってまいります。

ですから、その事実をつかまないと何とも解決になりませんけれども、少なくとも一部私どもの想像では、これは閣僚ではございませんで国民でございますが、戦前は国民の一部には拒否することによって非常な迫害を受けることがあったことは事実であります。そのことは神社の責任かどうか存じませんけれども、そういう事実がございます。一つは、上智大学の学生が靖国神社に団体として参拝することを拒否したということによって配属将校が上智大学の学生は幹部候補生になる資格がない、だから軍隊に行けばずっと生涯二等兵というか、そういう下の方のクラスの兵隊として軍務に服さなければならないと言ったといううわさがございます。これも確かめておりませんが、普通大学の学生は軍事教育を受けると軍隊に入って幹部候補生になる特権を与えられておると考えられるのでございますが、それを奪うということは非常な苦痛というか、ショックでありましてそういうことが事実行われたとすれば、これは確かに参拝を強制するものであるというふうに思います。もちろん上智大学はカトリックの立場でありますから、宗教に対してそういう非常な強制力をもって圧迫を加えたということだと思います。過去にだれがそういうことに力を持ったか。これはもちろん神社当局というよりも、直接にはやはり軍部の方の干渉が強いと思いますが、将来はそんなことがあったらとても話にならない。ですから、普通に言えば、靖国神社に公式参拝を国務大臣がしたからといって、一般の国民としてはいやでもおうでも参拝しなければならない、何らかの不利益を受ける、もちろん刑罰ではなくてもっと広い意味でございますが、不利益を受けるというようなことがあってはならない。それはもちろん今の新憲法の中の二〇条の中にも二項で書いてございますが、そういうことを厳しくお願いしたいと思うのでございます。

そういうことが条件でもって、現状ではにわかに公式参拝のいいか悪いかということは申し上げる用意はございませんし、また明らかに憲法違反として拒否すべきものだとも思わないんでございますが、ちょっと答えを出しかねるんでございます。そういうふうな条件で神社当局が一部の国民に対して非常に危機感を抱かしめておるということをよく考えて、そして宗教の形式による祭りをできるだけ形を変えて、そういう恐れをなくするということが必要であるということが公式参拝の前提であるということと、もう一つは、また神社当局だけじゃありませんけれども、何かそういった戦前の苦い経験を持っている方に対して、そういうことが二度と繰り返されないようにしたい。神社の祭りが一般の国民の参拝について強制的なことが少しでもあれば、私は憲法に反するというふうに考えるんでございます。そういう条件でもって、何とかその点をもう一歩詰めて解決していただく。曽野委員のおっしゃったようなことであれば、私は異論はないんでございますけれども、そういう点でまだ憲法違反という心配は持っております。そういう点をどの程度か改善されれば合憲という答えも出せるんじゃないかというふうに現在は考えております。

なお、今後いろいろ御審議がありますから、それの過程なり、あるいは御意見を伺って私の最後の結論を固めたいと考えております。以上でございます。

○林（修）委員　私は、さっき曽野さんのおっしゃったことに対して、念のためちょっとお尋ねしておきたい。いま田上先生も曽野さんに全面的に賛成だとおっしゃったんで、その点ちょっと確かめておきたいんですが、閣僚の公式参拝そのものじゃないんでございますけれども、例えば神社、あるいは神社に限りません、お寺でも、あるいはお寺以外の例えば千鳥ヶ淵墓苑でも宗教施設であっても宗教施設でなくてもいいんでございますが、そういうところで例えばだれかの慰霊祭みたいな行事を宗教団体でない、遺族会とかあるいは死んだ人を敬慕する人がやる形式は、例えば神式であり、あるいは仏式であり、あるいはキリスト教式である。そういうことでやる場合に、例えば閣僚が公的資格でそれに参列するということも違憲だというふうにおっしゃったようにちょっと聞こえたんで、そうなんでございますか。

○曽野委員　私はそう思っておりません。なぜかというと、主催するのはその人のファミリーでございますね。遺族ですから、仏教でやりたいとか、そこに礼儀としてあずかられる分には何でもないと思います。

○林（修）委員　それが例えばお宮であろうと何であろうと。

○曽野委員　どこでも。

○林（修）委員　さっき私ちょっと聞き違えて、違憲のようにちょっと伺ったものですから、念のため確かめたかったわけです。

○知野委員　曽野先生、芦部先生、鈴木先生の今日の御発言に直接御質問じゃないんですが、前回の佐藤先生の御発言に対して申し上げてもよろしいでしょうか。

○林座長　どうぞ。

○知野委員　この前佐藤先生に論点を整理していただきまして、非常に参考になったんでございますが、そのときに、この前先生がお示しになりました三か四か五か、いずれであったかちょっとはっきり記憶しないんでございますが、その中で宗教的活動かあるいは公式活動かというような中に、先生の個人の考えとしてというふうな意味を含めてお話になりました中で、例えば個人が戦没した自分の先祖をしのぶのと、大臣が戦没者の霊を慰めるために靖国に参拝するのとはやはり違うと。大臣がどこかの寺に座禅を組みに行くのはいいけれども、大臣が例えば靖国なら靖国神社で神式にのっとって参拝するというのはいけないんじゃないかというふうにおっしゃられたように承ったんですが、その時に神式にのっとったお参りでなくて、各人が戦没者の霊を慰めるということで靖国神社にお参りしたときに、キリスト教を信仰される人は十字、あるいは仏教徒は合掌、それから神道の人は神式でというふうなお参りの仕方であれば、多少許されるというふうな感じでございましょうか。

○**佐藤委員**　最後のところ、ちょっとよく分からなかったんですけれども、さっきからのお話のように、曽野さんが言われたような記念廟的なもので、何らかの宗教を信仰している人たちがその儀式にしたがって追悼の行事をする、そしてそれに大臣が参加することはどうかというお話ですか。

○**知野委員**　新しいそういう礼拝所と言いますか、そういうものを設けるのでなくて、今の社殿ではありますけれども、特に神式のお参りをするのはまずいんじゃないかとおっしゃったように聞いたんですが、そうじゃございませんか。

○**佐藤委員**　どうなんでしょう。靖国神社のような神社でクリスチャンの方が十字を切ってお祈りをするということはどうかという問題ですか。

○**知野委員**　何と言いますか、戦没者の霊を慰めるという意味でだれもが行って、そのときに別に神式のお参りと言いますか、おはらいをしたりあるいは祭祀料を上げたりということでなく。

○**佐藤委員**　それは私は信仰を持っていないし、宗教のことはよく分からないんですけれども、先ほど曽野さんがちょっと言われましたけれども、そういう場合にその人の信仰が本当にリジッドであって、とにかく神社のような場所で参加をすることは自分に対して許されないことであるというふうに思う方もいらっしゃるんじゃないでしょうか。それをそんなふうにまでお考えにならないで、ただ一つの場所として、曽野さんはどこでも私は行きますとおっしゃったけれども、それほどフレキシブルな方であれば別かもしれないが、それはそれぞれの方の問題であって、私はどうこう決めるということはできない問題じゃないかと思います。

ただ、私が申したのは、この問題は靖国神社に総理が公的な資格で参拝することはどうかということですから、その場合に、中曽根さんがクリスチャンであったなら昇殿なんかされないかもしれないけれども、そんなことまで考えてやる必要はないでしょう。

○**林(修)委員**　今の知野さんの質問、ちょっと私なりに言うと、例えば靖国神社なら靖国神社に行った場合に、だれでもいいんですが、とにかくお宮にお参りするんじゃないんだと。要するに英霊に礼拝するという意味であそこの社殿の前で柏手を打つ人もあるし、あるいは今だって普通の私人なら靖国神社の前に行って英霊に参るつもりで合掌する人もありましょうし、あるいは十字を切る人もあるかもしれません。そこへ行ったら必ず柏手を打たなければいけないという規則もないはずなんで、正式参拝とすれば十字を切るわけにもいかぬだろうと思いますが、例えば社殿なり拝殿の前で礼拝するということは、形式は本来自由だろうと思うんです。その場合に、お宮に行ったんじゃなくて英霊を礼拝する、そういう形を公的な人が仮にやる場合にはどうお考えになりますか。私は知野さんの質問はそういうことじゃないかという気がするんです。

○**佐藤委員**　公的参拝という言葉がいろいろでございますけれども、公的という場合は例大祭のように神社の定めた形でお祭りが行われる。言わば正式の形に従って参拝するということが当然入っているんじゃありませんか。

○**林(修)委員**　そこは、正式参拝と公式参拝は同じか違うかという問題がある。

○**佐藤委員**　官邸からの帰り、散歩の帰りに立ち寄って黙禱されるというのならば、そういうこともあり得るでしょうけれども、例大祭というような形の場合には、そういうことはそもそも予定していないのじゃございませんか。

○**林(修)委員**　正式参拝ならそうですが、公式参拝と正式参拝と同じだろうかという問題ですね。

○**佐藤委員**　それは同じだと思うんです。

○**林(修)委員**　同じでしょうかね。そこがちょっと私にはよく分からない。

○**小口委員**　略式参拝、正式参拝というのは違うでしょう。大体社前で賽銭箱の前でやるのと、昇殿参拝といろいろありますね。今は正式の神社本庁で決めたのは二拝二拍手一拝ですけれども、伊勢神宮のときは八拍で八つたたきますからね。それから三つのところもあるし四つのところもある。一応戦争中の神祇院のときに二拝二拍手一拝と決めたんです。だから何でもいいということです。

○**知野委員**　それから佐藤先生、もう一つこの間のお話の中で、今もちょっとお話が出ましたが、散歩のついでにお参りするというのと違って、例大祭みたいなのに行くということになると、それはやはり公的性格を帯びるんではないかというふうに承ったんですが、そのとおりに解釈してよろしゅうございますか。

○**佐藤委員**　そう思います。

○**知野委員**　そういたしますと、今までは例えば昇殿して神式の形に従ってお参りをする、あるいはポケットマネーか何か知りませんけれども祭祀料もおあげする、そういう形を取りながら私人としてだということで免れてきたのじゃないかという感じがするんですが、そういうふうなことが許されないというふうに見てよろしいでしょうか。すべて神式の儀式そのままにのっとって例大祭に行ってお参りをする、しかしこれは個人として行ったのですと言えばいいんだというのはおかしい、というふうに理解してよろしいでしょうか。

○**佐藤委員**　おかしいと言いますか、それが許されるのであれば、それは私人として行くという場合であるというわけです。

○**知野委員**　ですから、外から見て非常に公的なように見えても、私人でありますと言えば許されると、こういうこと。ちょっと私もよく分からぬのです。

○**佐藤委員**　そういうふうに今まで来ているわけですね、いいか悪いかは別として。

○**林座長**　話が大変佳境に入りまして、いろいろ御意見がおありだろうと思いますが、大体予定の時間を少しオーバーしてしまいましたので、今日はフリーディスカッションはこれで一たん打ち切り、次回もまたフリーディスカッションの時間を初めに設けますから、あらかじめ私なり事務当局におっしゃっていただけば、そういうことにさせていただきたいと思います。

一応この辺りで自由討議を終えまして、引き続き前回皆様の御了解を得て事務局の方で作りました資料の論点について御検討をいただいて、併せて今後の進め方というものについて御相談を願いたいと存じます。

この資料二の論点は事務当局で作ったものでありま す。私及び林修三委員はちょっと拝見しておりますが、責任は持たないといいますか、もっと自由な気持ちで事務当局の案として御審議をいただいて結構なんでございます。それでは、江川審議官から御説明を願いま す。

○**江川審議官** 資料二の「論点(仮案)」について御説明をします。

この論点(仮案)は、今後更に閣僚の靖国神社参拝の在り方を巡って議論を進めていただくために、前回までの御議論を踏まえまして、一応このような事柄についてこのような順序に従って議論したらどうかという趣旨でまとめさせていただいたものでございまして、この順序は閣僚の靖国神社参拝の在り方に焦点を当て、広い範囲から順次狭い範囲へと絞る形になっておりま す。

各項目について御説明いたしますと、まず最初に取り上げるべき事柄としては、一の「公的立場にある者の戦没者の慰霊・追悼について」に関しまして、(一)の公的立場にある者の戦没者の慰霊・追悼の必要性をどう考えるかという問題であろうかと思うわけですが、ここでは例えば具体的には、我が国の方針であるとか、諸外国の例であるとか、この点につきましては前回私どもから御説明申し上げたわけですけれども、こういうことが論点になろうかと思います。

更に(二)の現在千鳥ヶ淵墓苑・追悼の日・全国戦没者追悼式等があるが、靖国神社についてはどのように考えるかという問題も検討したらどうかというふうに思うわけでございます。この点につきましては、千鳥ヶ淵墓苑・追悼の日・戦没者追悼式の趣旨、性格であるとか、靖国神社の趣旨、性格、こういった事柄は、すでに私どもから御説明申し上げたわけですけれども、更に論点になろうかと思います。なお、靖国神社の趣旨、性格の点につきましては、合祀の対象であるとか、あるいは軍国主義との関係というふうな事柄も問題になることもあり得ると思います。

そういうような議論を踏まえた上で、二の閣僚の靖国神社参拝は憲法上の宗教的活動かという核心的な事柄に入ったらどうかというふうに思うわけでございます。ここでは、神道神社は宗教か、あるいは宗教の定義とか宗教学上の宗教と憲法上との宗教との違い、更に靖国神社は憲法上の宗教組織団体かというふうな問題、あるいは慰霊・追悼そのものは憲法上の宗教活動と言えるかというふうな問題、こういったことが問題になることもあり得ると思います。

三としまして、津地鎮祭最高裁判決の位置付け、参考となる点はどうかという問題でありますが、これは二の問題と一体的に議論されるべき問題であろうというふうに思います。

次に、四の閣僚の靖国神社公式参拝とは何か、私的参拝と区別することができるか、区別できるとすればその基準は何かという問題でありまして、これは三までの問題と角度が違うかもしれませんが、検討していい問題ではないかというふうに思います。

次に、一から四までの議論をした上で結論的な論議をするということになるかと思いますけれども、閣僚の靖国神社参拝はいかにあるべきかという問題があると思います。

六としまして、戦没者の慰霊・追悼に関して他に考慮すべき事柄についてということでありますが、関連して出てくる問題として、例えば護国神社の問題などもあると思います。以上でございます。

○**林座長**　ありがとうございました。それでは今事務局からお示しをいたしました「論点(仮案)」これはたたき台のたたき台でございますので、決してフィックスしたものでもなければ不退転のものでもございません。どうぞ御質問、御意見をお述べいただきたい。次回以降できれば大体どういうところから先に論じていかなきゃならないんだということなどまで含めまして、御意見を伺いたいと存じます。

○**佐藤委員**　これは、私がこの前メモとして申し上げたのをかなり御採用いただいているようで恐縮に思いますが、今後まだしばらく自由討議をしていくということですけれども、していく場合にこういうような論点を頭に入れて、できればこういう論点に触れながら御意見をお述べいただきたいと、そういう趣旨のものですか。

○**林座長**　そのとおりでございます。これからのやり方としては、だんだんとフリートーキングの範囲を少なくしていって、そして論点にみんなの議論が入るようにしていって、骨組みを作っていこうかと、こういうことでございますから、今は三分の二をフリートーキングでやって三分の一こういう御相談ですが、この次から半分ぐらいにして、その次になってくると四分の三ぐらいがこれに基づいた議論にしていきたいと実は思っておりますが、もうちょっと融通無碍なものかもしれません。

○**江藤委員**　御趣旨はよく分かるんでございますけれども、これは仮の案と書いてあるところが妙を得ていると思いまして、今日はこれを一応拝見しておいて、論点案ぐらいに絞り込むのにはあと一、二回ぐらい今日のような自由討議が必要のような気がするんでございます。お役所の方ではそれなりによく整理してくださったものがみんなの頭にすぽんとそのまま入るような整理になっているかどうかということは、付き合わせてみなければ必ずしも分からないわけでございまして、その付き合わせは今後の自由討論の過程で座長に御指導をいただきながらやっていけば、その方向に向かっていくのではないか。これはこれで一応ちょうだいしておきまして、参考にさせていただきたいとは存じますけれども、そのように希望いたしたく存じます。

○**林座長**　おっしゃるとおりでございます。仮案の仮案、たたき台のたたき台ということでございまして、皆さんと御相談でこれをだんだん固めていきたいと思います。

○**小嶋委員**　この案の順番なんですが、例えば二番目のこれが恐らくピークになるんだろうと思うんですが、しかしそういうときに、最高裁判決というようなものを参考にすることも一つの重要な要素になると思うんです。ですから、二のときに例えば三というようなものが出てくることは構わないということですね。

○**林座長**　もちろんそうです。それは当然関連しちゃうんでございますね。ですから、こんなふうに分けましても、論ずれば全部にひっくるまることであろうと思います。全部に関係を持ってしまうので、それをまあまあ大きく分けてみただけのことでございます。

○**小嶋委員**　それから、この席では出ないんですが、世の中でいろいろこの問題について書いてあるものを読みますと、靖国神社が非宗教的なものになりさえすれば問題はないんだがというようなことをにおわすような印刷物がないではないんですね。しかし、現存する宗教法人を国家、政府が宗教性をなくしろというのは、これは宗教に対する干渉ですから、憲法上例の地鎮祭判決の線から言っても弾圧はだめですから、これはこの議論はしないように気を付けたいと思うんです。公的というものがまた問題になりますが、公的に参拝することがどうかという形で議論を進めなければ、我々違憲の議論をやってしまうことになると思います。

○**末次委員**　それから、江藤さんが国家の継続性と憲法典の関係というようなことを冒頭のころ述べられましたですね。

○**江藤委員**　前々回です。

○**末次委員**　はい。例えば先ほどの戦犯に対する、あるいは家族等に対する処遇が改められたのは具体的には講和条約が結ばれた以後ですけれども、それを許容する占領政策の変換というのが背景にあって、すでに流れは占領中から生まれてきていたんです。同様のことを例えば自衛隊に当てはめた場合に、私は憲法は素人ですけれども、あの憲法ができた経過、ねらいなどから言うと、明らかに違憲であると思うんです、私自身は。にもかかわらず、占領中むしろ占領政策の変換に伴って警察予備隊からスタートしてきて今日では最高裁も極めて弾力的な解釈をしておる。憲法典というものをどう解釈するかという場合の問題として、そうした言わば政治的とも言うべき経過というものを配慮して見るか見ないかで全然違うと思うんですね。その点何か敷衍していただくとありがたいんですが。

○**江藤委員**　実は、今末次先生が提起なさいました問題辺りからこの次発言しようと思っておったところでございまして、詳しくは次回に申し述べたいと思いますけれども、諮問のいたされ方がいたされ方でございますから、憲法論に傾くのは当然と言えば当然なんでございますけれども、今末次委員の御指摘になりましたように、この問題にはやはり優れて政治的側面があるということでございます。そして、諮問のされ方ですね、設問の作り方に、実はそういっては失礼ですけれども、憲法論に傾いていくトリックが隠されているところがあるんでありまして、要するに行政府の、はっきり言えば官房長官の私的諮問機関でございますが、官房長官及び官房長官が補佐しておりますところの内閣総理大臣のこのことについての政策的決意というものがなければ実は諮問も生まれないはずなんでございます。そこのところにある虚構性をそのままスローオーバーしたままで議論いたしますと、議論がとかく空転して、非常に精密にはなりますが、私の申し上げた常民の常識からどんどん遠のくことになりはしないだろうか。まだ自由討議の半ばのところでございますから、諸先生に申し上げる必要もないことでございますけれども、私そのことをかねがね感じておりますので、今いい機会でございますので一言だけ申し上げておきたいと思います。あとの所見につきましては、次回述べさせていただきます。

○**林座長**　この仮案についてどうでございますか。これはけしからぬ、こんな問題はここは削ってしまえとか、これとこれは一つにしてしまえとか。

○**横井委員**　さっき修三委員がおっしゃった公式参拝とは何かという問題は、すぐ四番に出てきますけれども、正式参拝と公式参拝とどこが違うのかというのは、実はよく私にも分からないので、正式参拝は神社側では昇殿参拝みたいな中まで入っていったもの、だから鳥居のところでお賽銭をあげてというのじゃない、何か神社側の規則があるんじゃないかと思いますけれども、そこら辺もしお調べいただければ議論の参考になろうかと思います。

○**小嶋委員**　もう一つ、この問題を実は私は自分の学生のゼミでぶつけてあれしますと、やはりミリタリズムとかそういうものへの恐れというのがどうしても議論の中に入ってきて、それが結論に大きい力を発揮するということを思ったんで、実は消防殉職者みたいなものを靖国のような形式で祭る、あるいは警察の殉職者のようなものを靖国のようなもので祭る、それに対して公式参拝をするというような問題にすり替えて宗教と国家との問題を考えれば、ミリタリズム云々の挟雑物がなくなる。そういうふうにして憲法論を純粋化して考えていくということをやるべきではないでしょうか、というふうに感ずるんですが、この仮案ではそれがありませんが、そういうのはいかがでございましょうか。警官の殉職者なんかに対する慰霊とか追悼というものにには、余りコンセンサスの分かれというものはないと思うんです。

○**林(修)委員**　今小嶋さんがおっしゃったような問題は、当然に憲法論として議論するときには議論しなきゃいけないことじゃないかと思いますね。靖国神社などは、すぐミリタリズムの問題が絡んでくるんで、そこで憲法論もむしろ憲法の前文か何かとの関連で議論される。しかし、それと切り離した形で憲法二〇条というのは何だということとの議論、あるいは八九条が何だということは、今小嶋さんのおっしゃったようなことで議論すると割合はっきりするんじゃないかという気が私もします。

○**梅原委員**　今小嶋委員の発言は大変重要だと思うんですが、やはり祭られるべき霊の範囲ですね、ここが中心だと思います。私が前から指摘したのは、日本の神道は官軍ばかりか賊軍まで祭った。例えばミリタリズムの恐れというのは、官軍ばかり祭っているというところにある。官軍・賊軍ではなくて、戦争のために犠牲になったたくさんの人たち、こういうのは排除すべきなのかどうか、靖国では排除するとしても、そういうものも祭ることを考えなくてもいいかどうかという問題が私は残ると思うんです。そこは私は議論の中心になりはしないかというふうに思います。私自身も大変これは難しいと思うんですけれども、むしろ論点の中心を形成するんじゃないかという気がいたすんです。

○**林座長**　いずれも大事な問題ですから、このどれかの関連の深いところで大いに論じていただきたいと思います。

○**末次委員**　その意味で、先ほど座長がどこか削るところはないかとおっしゃったのは、柱立ての整理について意見はないかということだと思うんですけれども、私は先ほど江藤さんがおっしゃったように、今日はそれには入らないで、お互いにこれをたたき台にして、もう少し整合性のある柱立てを次なり次の次なりに整理した方がよかろうと思います。例えば一の(二)の中に千鳥ヶ淵とか追悼式とか靖国神社が並んでいますけれども、これは主催主体が全然違うのが一緒にくるんであって、そういう意味ではちょっと整理の必要があるが、もう少しよく見た上でという江藤さんの御意見を支持します。

○**知野委員**　次回のときにもし時間がございましたら、もう少し付け加えて聞かせていただきたいと思います。
○**林座長**　心掛けます。
○**小口委員**　それから、一の(二)ですけれども、全国戦没者追悼式が全国戦没者の標という字から霊という字に変わったんですね。八年ぐらい前かと思います。そのいきさつを調べていただきたい。霊ということになると宗教的な色彩が非常に強くなってくるんで、宗教学の方でも問題にしたんですけれども、そんなことはどっちでもいいという人が多かった。どういう根拠からどこでそういう発想をしたのか、決められたのか。
○**林(修)委員**　あれは藤森さん、この前の何か戦没者の追悼の日を決めるときに同時に出たんじゃないですか。曽野さんもあの懇談会に出ておられた。あのときに何か決まったんじゃないですか。
○**江藤委員**　あのときは霊になっておるんです。
○**末次委員**　もっと前です。
○**藤森副長官**　これは調べれば分かりますので、次回までに調べさせてお知らせしたいと思います。
○**林座長**　それでは、今日は大体そういうことで宿題としてお持ち帰りいただいて、この次この論点についてもいろいろお話を承りたいと存じます。それで今日の皆さん方の御発言に沿いまして、次回の準備を進めさせていただきます。
次は二月二十六日午後二時からこの場所でいたします。そして、まず劈頭の発言は小嶋委員、それから江藤さん、梅原さん、そういうことでお願いいたします。

それでは本日の懇談会はこれで終了いたします。どうもいいお話をいろいろありがとうございました。

渡辺秀樹

長野県駒ヶ根市生まれ.
伊那北高校、早稲田大学第一文学部卒. 1983 年, 信濃毎日新聞社入社. 報道部長, 編集局次長, 論説副主幹などを経て, 2018 年から編集委員.

芦部信喜 平和への憲法学

2020 年 10 月 23 日　第 1 刷発行
2020 年 12 月 25 日　第 3 刷発行

著　者　渡辺秀樹《わたなべひでき》

発行者　岡本　厚

発行所　株式会社 岩波書店
〒101-8002 東京都千代田区一ツ橋 2-5-5
電話案内 03-5210-4000
https://www.iwanami.co.jp/

印刷・三秀舎　カバー・半七印刷　製本・中永製本

ISBN 978-4-00-061427-6　Printed in Japan